史特勞斯

Leo Strauss

胡全威◎著

編輯委員：李英明　　孟樊　　陳學明　　龍協濤
　　　　　楊大春　　曹順慶

出版緣起

　　二十世紀尤其是戰後，是西方思想界豐富多變的時期，標誌人類文明的進化發展，其對於我們應該具有相當程度的啓蒙作用；抓住當代西方思想的演變脈絡以及核心內容，應該是昂揚我們當代意識的重要工作。孟樊教授和浙江大學楊大春教授基於這樣的一種體認，決定企劃一套「當代大師系列」。

　　從一九八○年代以來，台灣知識界相當努力地引介「近代」和「現代」的思想家，對於知識份子和一般民眾起了相當程度的啓蒙作用。

　　這套「當代大師系列」的企劃以及落實出版，承繼了先前知識界的努力基礎，希望能藉

這一系列的入門性介紹書，再掀起知識啓蒙的熱潮。

孟樊與楊大春兩位教授在一股知識熱忱的驅動下，花了不少時間，熱忱謹愼地挑選當代思想家，排列了出版的先後順序，並且很快獲得生智文化事業公司葉忠賢先生的支持，因而能夠順利出版此系列叢書。

本系列叢書的作者網羅有兩岸學者專家以及海內外華人，爲華人學界的合作樹立了典範。

此一系列書的企劃編輯原則如下：

1.每書字數大約在七、八萬字左右，對每位思想家的思想進行有系統、分章節的評介。字數的限定主要是因爲這套書是介紹性質的書，而且爲了讓讀者能方便攜帶閱讀，提升我們社會的閱讀氣氛水準。

2.這套書名爲「當代大師系列」，其中所謂「大師」是指開創一代學派或具有承先啓

後歷史意涵的思想家，以及思想理論與
創作具有相當獨特性且自成一格者。對
於這些思想家的理論思想介紹，除了要
符合其內在邏輯機制之外，更要透過我
們的文字語言，化解語言和思考模式的
隔閡，為我們的意識結構注入新的因
素。

3.這套書之所以限定在「當代」重要的思
想家，主要是從一九八○年代以來，台
灣知識界已對近現代的思想家，如韋
伯、尼采和馬克思等先後都有專書討
論。而在限定「當代」範疇的同時，我
們基本上是先挑台灣未做過的或做得不
是很完整的思想家，做為我們優先撰稿
出版的對象。

另外，本系列書的企劃編輯群，除了包括
上述的孟樊教授、楊大春教授外，尚包括筆者
本人、陳學明教授、龍協濤教授以及曹順慶教
授等六位先生。其中孟樊教授為台灣大學法學

博士，向來對文化學術有相當熱忱的關懷，並
且具有非常豐富的文化出版經驗以及學術功
力，著有《台灣文學輕批評》（揚智文化公司出
版）、《當代台灣新詩理論》（揚智文化公司出
版）、《大法官會議研究》等著作，現任教於佛
光大學文學所；楊大春教授是浙江杭州大學哲
學博士，目前任教於浙江大學哲學系，專長西
方當代哲學，著有《解構理論》（揚智文化公司
出版）、《德希達》（生智文化公司出版）、《後
結構主義》（揚智文化公司出版）等書；筆者本
人目前任教於政治大學東亞所，著有《馬克思
社會衝突論》、《晚期馬克思主義》（揚智文化
公司出版）、《中國大陸學》（揚智文化公司出
版）、《中共研究方法論》（揚智文化公司出版）
等書；陳學明先生是復旦大學哲學系教授、中
國國外馬克思主義研究會副會長，著有《現代
資本主義的命運》、《哈貝瑪斯「晚期資本主義
論」述評》、《性革命》（揚智文化公司出版）、
《新左派》（揚智文化公司出版）等書；龍協濤
教授現任北京大學學報編審及主任，並任北大

中文系教授，專長比較文學及接受美學理論，著有《讀者反應理論》（揚智文化公司出版）等書；曹順慶教授現爲四川大學文學與新聞學院院長，專長爲比較文學及中西文論，曾爲美國哈佛大學訪問學人、南華大學及佛光大學文學所客座教授，著有《中西比較詩學》等書。

這套書的問世最重要的還是因爲獲得生智文化事業公司總經理葉忠賢先生的支持，我們非常感謝他對思想啓蒙工作所作出的貢獻。還望社會各界惠予批評指正。

李英明

序於台北

序

　　里奧・史特勞斯（Leo Strauss, 1899-1973）
是當代十大政治哲學家之一，與漢娜・鄂蘭、
卡爾・巴柏、馬庫色等人齊名。美國政治哲學
論文獎中，「里奧・史特勞斯獎」是極爲崇高
的一個獎項。史特勞斯除了自身學術成就外，
他的弟子以及再傳弟子更是遍佈美國與加拿大
重要大學、雜誌編輯、政府機構中，形成所謂
的「史特勞斯學派」（Straussians）。這個學派不
僅在學術界中橫跨多個領域：政治哲學、宗教
研究、文學評論、學術史、美國歷史、美國憲
法等，成爲一家之言。而且在實際政治上，史
特勞斯學派被視爲美國「新保守主義」中的重
要成員，他們的政治影響力，使得1996年1月的

美國《時代》雜誌曾指出：「也許，對美國政治最具影響力的人物之一是已過世的里奧‧史特勞斯。」

　　史特勞斯在目前台灣的學術界中，似乎尚未受到重視，也許有些讀者會誤以為本書是在介紹另一位著名的人類學家李維‧史特勞斯（Levi-Strauss）（編按：台灣一般譯為李維史陀），這在坊間的一些書中，也可以看到這樣的誤解。所以，本書希望能對里奧‧史特勞斯的學說做初步的介紹，期能拋磚引玉，讓更多的人願意進一步探究他的學說與主張。

　　史特勞斯是一位出生於德國的猶太人，早年所關懷的焦點即是猶太人的出路問題。他年輕時曾是追求以色列復國——錫安主義（Zionism）的信徒之一，但後來他認為猶太人真正希望追求的是宗教上國度，現代意義的國家只是使猶太教世俗化，或說背離了猶太教的精神。於是他所關懷的焦點開始轉為思索宗教與政治間的關係，他探究中古時期的猶太、伊斯蘭教學者，並且希望從他們的著作中找尋答

案。

　一九三〇年代，德國猶太人受到納粹的迫害，史特勞斯逃離德國，輾轉經法國、英國，最後到美國定居。他的學術研究也從原先以德文著作，轉爲英文寫作，而研究的領域也偏向所謂的「政治哲學」，研究對象則包括柏拉圖、馬基維里、盧梭、霍布斯、洛克、柏克等人，他的著作共計大約有十五本專書，八十餘篇文章。

　在政治哲學的領域中，一般視史特勞斯爲「政治哲學史家」或「政治思想史家」，這是因爲史特勞斯的作品大都以詮釋過去思想家的經典作品爲主。就連他著名的文章〈何謂政治哲學？〉通篇也是穿插了不同思想家的主張，他大多以詮釋經典的方式來立說，甚少以自己的名義或直接立論的方式來表達。

　而作爲一位經典詮釋者，史特勞斯最特別也最受人爭議的地方就是史特勞斯認爲這些古人都在騙人！而他認爲唯有透過一套特別的閱讀方法才能讀出古人的眞正意涵，用他的話就

是「在行與行之間閱讀」（read between the lines），我們或可翻爲「讀出言外之意」。正因爲這種奇怪的預設與解讀方式可編織成爲一套政治思想體系，史特勞斯的著作就不僅是詮釋而已，而其實蘊涵了他自己的政治哲學。

　　但是，讓問題變複雜的是，許多學者皆指出史特勞斯本身的著作也在騙人，也是必須透過一定的解碼，才能得其眞意。於是，對於史特勞斯的「詮釋經典」，就出現兩個層次的爭議，一是單就他是否正確地詮釋經典；二是爭論者是否能正確地理解史特勞斯的眞正意涵。而這兩種層次的爭議，再透過史特勞斯的熱情追隨者——史特勞斯學派，讓衝突更爲激烈。學派本身要捍衛史特勞斯的立場，提出許多對史特勞斯觀點再延伸的主張，而這些延伸的主張又因不同學生的解讀，而有南轅北轍的觀點，而這一切都加深了讀者對於了解他眞正意涵的困難。

　　不過，幸好史特勞斯學派還有一個奇怪的現象，就是史特勞斯學派不僅僅是學術上的一

家之言，也是一個可觀察的政治現象。這對於
在眞眞假假的經典詮釋中迷失的我們，似乎找
到一個方向。從最直接的政治現象來做觀察，
反推回史特勞斯可能的眞正主張，似乎成爲一
個可行的嘗試。

　　史特勞斯詮釋過的經典相當多，要想做全
面性介紹，就必須先對經典以及一般解讀經典
的觀點有清楚的了解，才能分出史特勞斯的觀
點與一般的差異，但這恐怕是一項極爲浩大的
工程。另方面，史特勞斯在經典詮釋中，詳細
地討論許多主題，如哲學與歷史、政治與哲
學、哲學與詩、猶太問題、祕傳式寫作、哲學
與宗教、蘇格拉底精神等主題。本書並不打算
對史特勞斯的學說作全面性的介紹，而希望以
一個核心問題「現代性危機與政治哲學的關係」
作爲掌握史特勞斯主張的重要脈絡，並希望就
史特勞斯對「現代性危機」提供的解答，作爲
思考我們當前問題的一種參考。

　　本書是由我的碩士論文：〈現代性危機與
政治哲學：史特勞斯論政治哲學的意義與使命〉

改寫而成，該篇論文曾得到台灣政治學會1999年度最佳碩士論文獎。碩士論文能夠成書以及得獎，讓人既是欣喜也是心虛，喜的是過去這一階段的努力受到肯定；心虛的是自己知道還有許多不足與錯誤的地方，希望讀者不吝指正（來信請寄：a1230311@ms11.hinet.net）。

最後，希望表達謝意。本書得以出版，特別感謝指導教授江宜樺老師的引介與生智文化公司總策劃孟樊先生的肯定。在政治思想的學習過程上，自己深覺是個幸運者，能碰到許多好老師。江宜樺老師一直是學習的最佳典範，他過人的銳見，能直指問題的核心；清楚扼要的表達，讓人從混沌中找到方向。蕭高彥老師豐富的學養與掌握抽象思維的能力令人景仰。蔡明田老師獨到的見解與運用文辭的犀利；蔡英文老師紮實的學術精神；張福建老師率直的求真態度；陳思賢老師從神學開啟政治的另一維空間；郭立民老師對中西思想的運用；林俊宏老師敏捷的思維，感謝這些老師讓學習成為愉快的事。而就作為一個「人」而言，最感謝

的是家人，父母、姊姊與親愛的老婆，他們讓
我真實地感受，什麼是愛與無私的付出。

胡全威

説　明

　　本書爲便於交待資料來源，對於文中時常
引用的史特勞斯著作，採取縮寫附註的方式。
其縮寫與所代表之著作，對照如下：

CM　　*The City and Man*. Chicago: University
　　　of Chicago Press, 1978.

HPP　*History of Political Philosophy*. Leo
　　　Strauss and Joseph Cropsey eds., 3rd
　　　edition. Chicago: University of Chicago
　　　Press, 1987.

LAM　*Liberalism Ancient and Modern*. New
　　　York: Basic Books, 1968.

NRH　*Nature Right and History*. Chicago:
　　　University of Chicago Press, 1968.

OT   *On Tyranny: An Interpretation of Xenophon's Hiero*. Ithaca, N. Y.: Cornell University Press, 1968.

PAW   *Persecution and the Art of Writing*. Westport, Conn.: Greenwood Press, 1952.

PPCOT   "Political Philosophy and the Crisis of Our Time," in George J. Graham, Jr. and George W. Carey eds., *The Post-behavioral Era: Perspectives on Political Science*. New York: David McKay, 1972.

RCPR   *The Rebirth of Classical Political Rationalism*. Edited by T. Pangle. Chicago: University of Chicago Press, 1989.

SPPP   *Studies in Platonic Political Philosophy*. Chicago: University of Chicago Press, 1983.

TM   *Thoughts on Machiavelli*. Chicago: University of Chicago Press, 1958.

TWM　　"The Three Waves of Modernity," in Hilail Gildin ed., *An Introduction to Political Philosophy: Ten Essays by Leo Strauss*. Michigan: Wayne University Press, 1989.

WIPP　　*What Is Political Philosophy? and Other Studies*. Chicago & London: University of Chicago Press, 1988.

目　錄

第一章
生平、著作
與史特勞斯學派

一、生平與著作

　　史特勞斯1899年出生於德國，是一位受正統猶太教育的猶太人，不過覺得「儀規嚴苛，沒有內涵」。❶中學時進入傳統的九年制大學預科，接受到德國人文主義的思想，而私底下則喜歡閱讀叔本華和尼采的書，有學者認爲尼采是除了柏拉圖以外，影響他思想最大的哲學家（Pippin, 1992: 449）。他十六歲時，曾立下志願，希望「終其一生閱讀柏拉圖和養兔子，而以鄉村郵局局長一職謀生」；十七歲時成爲錫安主義（Zionism）❷的信徒，並於第一次世界大戰期間服役。大戰後進入大學，主修哲學、數學和自然科學，受教於卡西勒（E. Cassirer）❸門下。博士論文是研究「新康德主義者」雅各比（Fr. H. Jacobis）❹。

　　畢業後，基於他對猶太問題的關懷，1925

年進入柏林一所猶太研究機構，探究十七世紀
的聖經批判論，期間研究史賓諾莎、中世紀猶
太哲學家邁蒙尼德（M. Maimonides）❺和伊斯
蘭哲學家阿爾法拉比（al-Farabi）❻等人。
1930年，史特勞斯到法蘭柏格聆聽現象學大師
胡塞爾和他當時助手海德格的課，前者的現象
學對於經驗世界與科學世界的區分，和後者對
於現代性的觀點，皆對史特勞斯的思想產生影
響。

　　後來，德國猶太人受到納粹的迫害，史特
勞斯前往法國，持著霍布斯主義者卡爾・史密
特（C. Schmitt）的推薦函，順利的進入洛克菲
勒基金會。兩年後，他到了英國，開始研究霍
布斯的政治哲學，他的第一本英文著作正是
《霍布斯的政治哲學：其基礎與淵源》❼。1938
年，他前往美國，前後任教於紐約的新社會研
究所（1938-1949）、芝加哥大學（1949-
1967）、克萊蒙特男子學院（1968-1969），最後
到聖約翰學院任教，直到1973年逝世為止。

　　在美國期間，史特勞斯開始他的大量英文

著作，主要是研究偉大的政治思想家，其作品多以詮釋的形式出現，這些包括亞里斯多芬尼斯（Aristophanes）、讚若芬（Xenophon）、修斯底里斯（Thucydides）、蘇格拉底、柏拉圖、亞里斯多德、馬基維里、霍布斯、洛克……。著作總計十五本專書，八十餘篇文章。

　　許多學者認為史特勞斯的德裔猶太人身分與遭到納粹迫害的經驗，對史特勞斯的影響很大。布魯姆（A. Bloom）認為史特勞斯因此十分關心社會對於哲學家迫害的問題以及強調祕傳式寫作的重要性（1974: 373-4）；拜爾（D. Biale）認為這影響史特勞斯對於政治侷限性的體認（1991: 31-40）；葛尼爾（J. G. Gunnell）則認為威瑪共和遭到希特勒政權的推翻，造成史特勞斯對於自由主義的不信任（1987: 70）。儘管史特勞斯一再強調，我們不應由思想家的生平，來推測他的主張（RCPR: 207-26），但這些背景仍然可作為我們了解史特勞斯的起點。

　　其次，我們來看史特勞斯的著作，以下約略從時期和主題兩種分類法來介紹。從時期來

看，這裡不僅是時間上的先後順序，布魯姆認
為這也是史特勞斯思想逐漸成熟、愈加深邃的
轉變。他將史特勞斯著作分為三個階段，各階
段皆有三本書作為代表。

　　第一階段可稱為前史特勞斯學派期（Pre-
Straussean），代表著作為《史賓諾莎的宗教批
判》、《霍布斯的政治哲學：其基礎與淵源》、
《哲學和法律》，這時期的特色是史特勞斯沿用
現代學者的研究方法與史觀預設，以自己的問
題在古書中尋找答案，以自己的標準判定書中
的對錯，還沒有學會用古人的觀點看他們自己
的問題，簡言之，就是「他還不認識古代」。但
也因此，《霍布斯的政治哲學》一書，成為他
在現代學術圈中最有名，最少爭議的著作，但
也是他自己最不喜歡的一本。

　　第二階段的著作是《自然權利和歷史》、
《論暴君》與《迫害和寫作的藝術》。這時期的
著作，關鍵點在於他發現了祕傳式寫作
（esoteric writing），亦即發現了古代。開始以一
種全新的眼光看待這個世界，寫作形式雖然與

現代學者大致相同，但是對細節超乎尋常的注
重與所得出的結論非常不同。其中《自然權利
和歷史》可算是他的代表作，書中首先駁斥了
「歷史主義」與「事實和價值的分離」的主張，
認為此兩者否定了政治哲學，也因而否定了自
然權利，導致虛無主義的產生。接著回到古
代，探討自然權利的起源，然後闡述古典、現
代自然權利的演變，最後則是說明現代自然權
利危機的演變與發生。

　　第三階段的著作是《論馬基維里的思想》、
《城邦與人》、《柏拉圖法律篇的談辯與活動》。
這時期的著作，不僅是結論與現代學者不同，
連寫作形式也都大異其趣，「他已經解放了他
自己，而且可以如原作者般了解他們的意思」。
布魯姆以《論馬基維里的思想》為例，非常生
動地描述我們應如何著手閱讀這本書。他認為
這不是我們平常所界定的書，書的內容被七個
封印（seven seals）給隱藏了。倘若我們以讀學
術著作的心態來念，會以為沒有什麼內容，偶
爾才可看到一些具普遍意義的句子。要想真正

讀懂，布魯姆認爲，首先我們需對李維（Livy）
和馬基維里的文本非常熟，而且隨時在手邊翻
閱。其次，我們需形成李維、馬基維里的詮釋
觀，從眾多的具體細節、人物和事件的評論
中，慢慢找出兩者的看法與其間的差異。藉由
史特勞斯的引導，我們會發現，史特勞斯之於
馬基維里，就正如馬基維里之於李維。第三，
我們需非常熟悉馬基維里所舉出的眾多人物，
並且我們需不時查閱馬基維里所引的資料。最
後，我們必須「在房間中來回地走著、想著，
手裡拿著一枝筆、一張紙，列出一張表，思考
著」，「這是一個無止盡的工作，當我們持續進
行時，我們會不斷的對原先視爲平常的地方產
生驚訝（wonder）（亞里斯多德認這正是哲學的
起源）。我們學到與書本共同生活的意義爲何，
且讓這成爲我們經驗和生活的一部分。當我們
再回到史特勞斯的書，接受他的引導，我們會
突然了解了故事的結局，對自己投入這麼多的
心力也覺得值得，就像一道陽光從雲中透出般
的美景。……這是人類的寶藏」（1974: 383-5,

390-1）。

　　再從主題上來看，除了本書所處理的現代
性危機及解決之道的主題外，史特勞斯關心哲
學與歷史、政治與哲學、哲學與詩、猶太問
題、祕傳式寫作、哲學與宗教、蘇格拉底精神
等主題。他的文章、書名及內容，大多是針對
思想人物的經典作詮釋、討論，而引出對特定
主題的看法。我們無法一一介紹相關的內容，
但希望特別指出兩個面向，其一是哲學與宗教
的問題；其二是恢復「蘇格拉底精神」。「哲學
與宗教」即是史特勞斯喜歡稱的耶路撒冷與雅
典或「天啓與理性」（revelation and reason），前
者象徵宗教的力量；後者象徵著世俗化的理性
精神。史特勞斯批評「現代性」將宗教世俗
化，認爲透過系統式的哲學體系，就可解讀上
帝的意旨，否定天啓的價值，但哲學也就失去
作爲「追求」眞理的意義，而成爲只是一種系
統的「意見」而已。史特勞斯認爲應讓天啓與
理性的衝突持續下去，因爲他認爲這正是「西
方文明生機的祕密」、「西方學術史、精神史的

精髓、核心」（RCPR: 72-3, 270）。史特勞斯對
於宗教問題的關注，表現於其早年關注的「神
學 ── 政治的困境」（theologico-political
predicament），具體來說就是思考「猶太問題」
（Jewish problem），以宗教精神維繫的猶太人，
是否應使用以及應如何看待世俗政治的力量。
這是他早年的德文著作《史賓諾莎的宗教批
判》、《哲學與法律》以及諸多討論邁蒙尼德、
阿爾法拉比等人文章所關懷的問題。後來，他
將這問題轉為哲學與宗教的問題，認為「猶太
問題呈現了一個超越現代性及其危機的緊張：
一種介於人類理性與神的啟示」（Tarcov &
Pangle, 1991: 212）。

　　希望提及的另一個面向，就是對於蘇格拉
底精神的恢復，這是史特勞斯晚年的一個重要
關懷。史特勞斯認為蘇格拉底是古典政治哲學
的建立者，是第一位將哲學從關注天上的事
物，轉換為對人事的關懷（NRH: 120）。學者
認為「我們要理解史特勞斯自己的（狹義的）
政治學說，最好就是將其學說視為：使歷史悠

久的蘇格拉底傳統復活，經過適度的調整，應用在我們當前完全不同的新環境裡」（Tacrov & Pangle, 1987: 927）。

史特勞斯恢復蘇格拉底的精神，是透過對亞里斯多芬尼斯的喜劇、讚若芬的記載和柏拉圖對話錄進行廣泛研究。這方面的著作計有《論暴君》（1963）、《蘇格拉底與亞里斯多芬尼斯》（1966）、《讚若芬之蘇格拉底的議論》（1970）、《讚若芬眼中的蘇格拉底》（1972）以及其他書中有關蘇格拉底的文章，如〈柏拉圖理想國〉（CM: 50-138）、〈蘇格拉底的問題〉（RCPR: 103-83）以及《柏拉圖學派政治哲學研究集》（1983）中的多篇文章等，約佔史特勞斯專書的三分之一強。他試圖從中恢復蘇格拉底真正的精神，甚至，我們還可以從他許多學生將他類比作蘇格拉底，可以知道史特勞斯不僅「坐而言」，而且還「起而行」，將蘇格拉底的精神，實踐在生活中。史特勞斯的學生們認為他和蘇格拉底相似的地方，有以下五點：(1)稀有的生活方式；(2)均不被當時代認同，被嘲笑、

忽視；(3)同樣面臨文明的下坡期；(4)像牛蠅刺激人們思考；(5)引領靈魂轉向，或是提供對政治生活一種新的體認。❽

二、祕傳性寫作

　　史特勞斯的著作大都以詮釋思想家的形式出現，因此他對於如何閱讀、研究經典著作相當重視，他提出了許多普遍性的原則和針對個別思想家的研究方法。❾其中一個研究公理，就是從探究思想家如何閱讀別人的作品，來理解這位思想家的著作含意。因此，在我們深入閱讀他的作品前，我們先對他的研究原則做探究。

　　史特勞斯認爲研究哲學作品，有兩個顯而易見的目標：就是儘可能求得精確（exact）和明白（intelligent）。要求「精確」，所以我們必須仔細閱讀，不能放過任何相關的細節，這在

他的作品中，我們可以時常看到他提到詳細的
觀察（detailed observations）；要求「明白」，
所以我們不能只停留在諸多細節裡，見樹不見
林，要能掌握住整體的主要意涵。❿這兩點，
看似淺顯的老生常談，卻潛藏著衝突性：為了
把握整體必然會放棄一些細節；對每一細節的
同等重視，就很難釐出一個全貌。以下就大略
整理出史特勞斯的研究原則，然後做一初步的
討論。

（一）盡可能了解作者原意

　　史特勞斯認為，「我們應盡任何努力，精
確地了解作者的真正意涵」。他認為在眾多詮釋
的版本中，唯一正確、可靠的詮釋就是作者的
原意。史特勞斯認為如果我們否定有真正詮釋
的存在，會使我們放棄了試圖了解偉大思想家
原意的動力，使得我們無法聆聽偉大的教誨。
⓫

（二）哲學真理的探求

　　史特勞斯認為經典著作，之所以能長遠流傳，正因為它們所處理的問題是人類永遠會碰到的問題。因此，他認為應將經典著作，視為追求永恆哲學真理的紀錄，而不是僅侷限在特定時空中的意識型態而已。他認為如果我們將經典著作僅視為特定歷史時空的反應，亦會使我們放棄了理解偉大思想家真正主張的動力。

　　史特勞斯以中世紀哲學為例，他認為許多現代人視中世紀哲學為一種歷史，或認為是奠基在錯誤的自然科學知識上，缺乏研究的價值，他卻指出中世紀哲學對於科學、哲學的合一以及對於哲學的辯護，都說明了中世紀哲學對比於現代的優越性，這是跨時代的智慧，而非只侷限在特定時空背景中（RCPR: 210-7）。

（三）讀出言外之意（read between the lines）

　　這是史特勞斯最受人爭議的研究主張。read between the lines若直接從字面上翻，可翻

成「從行與行之間閱讀」，就是從空白處讀出東西來，而不是從文字上。若從意義翻，我們可稱爲「讀出言外之意」。爲什麼我們無法直接理解著作中字面上的意涵，而需要迂迴的探求言外之意呢？史特勞斯認爲，最直接的原因是哲學家害怕受到迫害；其次，則是哲學家擔心會傷害到這個社會；第三則是爲了教育，哲學家從一般人的觀點出發，讓年輕人較容易接受，然後逐步引導具哲學潛力的年輕人，尋求眞正的教義。所以，史特勞斯認爲許多的偉大著作皆包含兩種教義，一種是公開性的；另一種則是祕傳性。公開性的教導是針對一般人，提供普遍能接受的道德規範或宗教主張；祕傳性的則是針對少數愛好思想的年輕人、潛在的哲學家、細心的讀者，傳達眞正的眞理探求，史特勞斯認爲也只有他們能讀出這種教導，一般人是看不出來的。至於爲什麼哲學家會受到迫害或擔心傷害社會呢？簡單地說，史特勞斯認爲關鍵點在於社會是依賴意見（opinion）而存在，而哲學家則是試圖以「知識」（knowledge）

取代意見。而他認為支撐社會最重要的意見，
就在於宗教與道德，他認為此兩者確保了社會
正常運作，它們的主要根基即是來自衆人的意
見或說衆人所普遍接受的事物。可是哲學家在
探求知識的同時，不滿足於意見的解答，輕視
意見，就會動搖到宗教與道德的根基，社會也
就不安。因此哲學與社會兩者間處於緊張關
係，哲學會導致社會不安，社會只有迫害哲學
家，因此哲學家必須隱藏他眞正的觀點。⓬

　　可是我們應如何讀出言外之意呢？那些地
方是值得我們讀出言外之意的？史特勞斯指出
read between the lines只是一種譬喻
（metaphor），沒有一套公式可循，每位哲學家
所採用的方法不同，所以我們只能依個案處理
（PAW: 24）。以下就列舉一些方法作為例子（**表
1-1**），希望能有助於我們理解史特勞斯的解讀
方法。⓭

（四）注重形式與劇本式討論方式

　　史特勞斯認為我們在「研究時，形式

表1-1 讀出言外之意的例子

方法名稱	內容
無言之言 silence	「如果一個聰明的人，在討論某一主題時，對於大家都認為重要的事，保持沈默，這就意味著他認為這不重要。聰明人的沈默總是有意義的」（TM: 30）。
假名 pseudonym	史特勞斯認為Farabi只有透過書中人物，如柏拉圖的名義，才敢說出自己真正的想法，而當以自己名義說話時，則又回到正統、一般的觀點（PAW: 15）。
錯誤 errors	史特勞斯認為，如果一個偉大思想家，犯下的錯誤，會使一位聰明的中學生感到好笑，這就意味著，作者是故意犯下這樣的錯誤，其實別有用意。尤其是當作者曾有意、無意討論寫作中蓄意犯錯的例子（PAW: 30）。
逐漸顯露 gradual revelation	意指作者對同一件事物陳述時，我們需注意第一次、第二次……的差別，有可能在後面重新陳述時，就改變了原來的意思。
間接攻擊 indirect attack	舉例而言，史特勞斯認為馬基維里對羅馬宗教的讚美，其實是對羅馬宗教的敵人基督教的攻擊。
奇怪的數字 number oddities	舉例而言，史特勞斯發現馬基維里的Discourses共有142個段落，與李維的《羅馬史論》有142書相同，是別有意含。另外一種則是重視書中的中間章或段落，認為是作者的重點所在。

（續）表1-1　讀出言外之意的例子

方法名稱	內容
模糊關鍵詞 vagueness of key terms	就是書中一些很重要的關鍵詞，卻每次出現時都有不同的意涵，甚至意思完全不同，這種用處，史特勞斯認為就是促使我們對一些習以為常的觀念，進行辯證性思考。

（form）還比實質（substance）來得重要，因為實質的意義依賴於形式的呈現」，他亦認為「問題是產生於事物的表面（surface），而事物的表面正是事物的精神（heart）所在」（CM: 52; TM: 13）。我們可以從史特勞斯的詮釋中注意到，他順著文本的發展，像個說故事的人，摘要介紹，並注重書名、篇名、角色安排、寫作形式、動作等，將討論的文本不僅視為政治哲學論文，還可說是一個政治哲學的劇本，因為每一種形式的安排，史特勞斯都重視其意義，且往往是政治意義。我們也可以注意到倘若將政治與哲學相比，政治往往被視為是表面的行為，哲學則是深層的精神，這與史特勞斯從政治哲學的角度出發似乎應有密切的關係。

在介紹完史特勞斯的閱讀原則後，讀者可

能很好奇，本書是要如何應用上述方法來解讀
出史特勞斯的祕傳教義。在這裡，恐怕要讓讀
者失望了。我經過一段時期的嘗試，在空白之
處希望得到祕傳眞義，可是得到的不是空白，
就是幻想。因此，對於史特勞斯的理解仍是採
一般的閱讀方式，不過此處整理出這些原則是
很歡迎讀者們試著以這些方法，去閱讀史特勞
斯的著作或應用來解析古代的經典作品。另
外，筆者也認眞看待史特勞斯對於祕傳性寫作
觀點的預設，在本書中試圖從這種預設推出史
特勞斯的政治哲學。

三、史特勞斯學派

　　史特勞斯除著作外，另外一個受人矚目的
焦點，就是「史特勞斯學派」的存在。卓瑞
（S. B. Drury）不客氣的說：「他的好名聲與其
說來自著作的優越性，倒不如說是因爲他的熱

情追隨者」（1988: 1）。歷史學者伍德（G. S. Wood）認為史特勞斯學派對美國學術界的影響，可稱得上是二十世紀最大的學術運動（academic movement），影響的範圍不僅在政治哲學，還包括宗教研究、文學評論、學術史、美國歷史、美國憲法等各學術領域（1988: 33-40）。不僅於此，史特勞斯學派在七〇、八〇年代，有許多人紛紛轉入公職，擔任刊物編輯以及著書評論時事，形成政治上一股「新保守主義」（neo-conservatism）的勢力。他們不僅在雷根、布希政府執政時期，能夠發揮一定的影響力，一直到今天仍對共和黨的意識型態具有重要的影響（Devigne, 1994: 58-9）。

　　到底什麼是史特勞斯學派呢？組成的份子是哪些人？他們的共通處在哪裡？難道曾是史特勞斯的學生，就被歸為其中的一份子，那麼當代也有不少名師，桃李滿天下，卻不會因此形成具有一定政治、學術影響力的「某某學派」呢？

　　以下試圖從幾個面向來說明史特勞斯學派

的組成及特色。首先，史特勞斯在美國知名學府芝加哥等大學任教，所指導的博士就超過一百名以上。而且他的影響力不僅於他直接教導的學生，他的學生將其教義繼續傳播下去，「現在是史特勞斯學派的第三代，將大師（master）的教義繼續傳給他們的學生，如此持續擴大史特勞斯學派的信仰範圍」（Wood, 1988: 33）。⓮

其次，史特勞斯學派是如何形成的呢？卓瑞整理史特勞斯學生的回憶文章，指出史特勞斯的學生、同事以及再傳學生，是受到他的學問、人格特質的吸引，而自願地以他為中心（像太陽系中的太陽一樣），圍繞著他，形成一個團體（史特勞斯可能鼓勵或至少默許這樣的情況）。老師與學生之間的互動非常密切，從生活中潛移默化，而特別的是「這個團體擁有一種祕密的智慧（secret wisdom），成員皆領受這種觀點，而不會隨意對他人透露」。許多學生都以能進入這樣的一個團體為榮，覺得自己可以屬於學術菁英的一份子。而篩選他們的，往往

不是他們的宗師（guru），而是每個人自己的
「天分」（nature）（1988: 3）。

　　第三，在學術論戰上，史特勞斯學派在五
〇、六〇年代是與當時盛行「行為主義」的政
治科學相抗衡，後者主張以自然科學的方法，
秉持價值中立的態度，研究政治現象。史特勞
斯學派除了批評行為主義學派不正確的研究預
設外，並主張應回到亞里斯多德的政治學，認
為這才是真正的政治學研究。❶❺而在政治思想
領域中，史特勞斯學派因為獨樹一格的研究方
法，注重細節、主張祕傳式教義以及探求作者
的真正原意等主張，在研究方法、個別思想家
的詮釋上，都可以看到與其他學者、學派或多
或少的學術論戰。在不斷的爭議中，史特勞斯
的學生們承繼他的詮釋觀點，以及為他們的觀
點作辯護，就越來越凸顯出「史特勞斯學派」
的存在。

　　第四，由於史特勞斯學派的獨特研究方
法，所以在他們的著作上可以看到幾個有趣的
現象：(1)特別注重原典的精確意涵。所以史特

勞斯學派的學者，往往自行進行翻譯：譬如布
魯姆翻譯柏拉圖的《理想國》，潘格（T. Pangle）
翻譯柏拉圖的《法律篇》，羅德（C. Lord）翻
譯亞里斯多德的《政治學》，麥斯福德（H. C.
Mansfield）和塔克夫（N. Tarcov）翻譯馬基維
里的「李維史論」等；(2)立論方式多以詮釋性
的方式。前述的學者在翻譯之後，多附有或另
外寫一本跟隨文本章節安排的註解式、詮釋性
文章或書籍；(3)承繼史特勞斯觀點。因為史特
勞斯的研究方法預設，原作者的意涵才是唯一
正確的詮釋，所以對的詮釋只有一種，而這種
就是史特勞斯所開出的方向，學生們多依此方
向再作更進一步的詮釋。

　　史特勞斯學派應該是解讀史特勞斯「祕傳
性教義」的最佳對象。但是，筆者並非史特勞
斯學派的一員，很難知道祕傳教義是什麼。所
以希望從這些弟子們的行為，反過來推測史特
勞斯祕傳的教義。而最明顯可以看到的是，史
特勞斯學派從原來純粹的學術團體，竟轉為一
股政治勢力。這應該是解讀史特勞斯學說最需

注意的地方，在介紹完史特勞斯學說後，在第
五章會討論這方面的問題。

注釋

❶有關史特勞斯的生平介紹，主要取材自Bloom (1974:
372-92); Green (1997: 1-84); Strauss (1997: 457-66)。

❷要求猶太民族自決並最終在巴勒斯坦——以色列的歷史
土地上獨立的運動。其名稱源自耶路撒冷的古要塞：錫
安山。詳見Miller (1987: 807-8)。

❸生卒1874-1945，新康德學派，著有*Philosophy of the*
*Enlightenment, The Myth of the State*等書。

❹博士論文名稱爲 "Das Erkenntnisproblem id der
philosophischen Lehre Fr. H. Jacobis"。Reinecke &
Uhlaner認爲「我們可以說亞里斯多德對於霍布斯的重要
性，就相當於Jacobis對於史特勞斯一樣。」他們認爲史
特勞斯對Jacobis的研究，提供了日後史特勞斯的「祕傳
主義」（esotericism）及對蘇格拉底重視的來源 (1992:
190-1）。

❺生卒1135-1204，猶太《大法典》學者兼哲學家，史特勞
斯稱其地位相當於基督教世界中的T. Aquinas (PAW: 8)，
其著作有 *Guide of the Perplexed, Treaties on the Art of*
Logic 等。

❻生卒870-950，土耳其的伊斯蘭哲學家，可以被視爲眞
正的伊斯蘭哲學創始人，同時也是個音樂家、醫生、神
祕主義者，著有 *The Political Regime, Plato's Law*,

Philosophy of Plato and Aristotle 等。

❼是由Elsa M. Sinclair翻譯。

❽見Drury (1988: 1-20)；Bloom (1974: 391-2)。

❾通則性原則，可參見WIPP: 221-32; PAW: 7-37; RCPR: 207-26。

❿見PAW: 143; OT: 6; RCPR: 270。

⓫見PAW: 143; WIPP: 66, 228; NRH: 206。

⓬見OT: 6; PAW: 7-37; RCPR: 63-71; WIPP: 221-2。

⓭以下方法，若未特別標明出處，是整理自PAW: 36; McShea (1963: 790-2)。

⓮R. Devigne所列出的史特勞斯學派的重要成員計有Allan Bloom, Thomas Pangle, Harry Jaffa, Joseph Cropsey, Herbert Storing, Wilmoore Kendall, Martin Diamond, Wener Dannhauser, Walter Berns, Harvey Mansfield Jr., Ralph Lerner, Nathan Tarcov, Carnes Lord等人（1994: 49-50）。

⓯這種爭辯的代表性論戰，可參見在1963年57期的 *American Political Science Review*，頁125-60，行為主義政治學者J. H. Schaar和S. S. Wolin與史特勞斯學派對政治學研究的論戰。

第二章
現代性危機

一、否定「政治哲學」

史特勞斯將現代西方人「不再知道要什麼，亦即不再相信可以知道什麼是好、是壞，什麼是對、是錯」的處境，稱爲「現代性的危機」（the crisis of modernity）（TWM: 81）。他認爲儘管人們爲了生活，還是會做出一些判斷和行動，可是

> 一旦了解到我們行動原則的根基，只是我們盲目選擇下的結果，我們就無法再繼續相信、無法再全心投入，也就不再願意對行爲負責。但爲了生存，我們只好故意地忽視理性，忘記理性告訴我們，其實我們所採用的原則與其它原則不分好壞。我們越培養理性，就越陷入虛無主義，越無法成爲社會的忠實成員（NRH: 6）。

　　史特勞斯認為這種虛無主義的心態，正導致了社會上層出不窮的失序現象，這可以從每天新聞上看到，擄人勒索、殺人放火、謀財害命……，「一個接著一個的小危機發生」（TWM: 82）。

　　史特勞斯對於現代性危機這樣的「病症」，提出一個很「奇怪」的理由：他認為推其根本，在於現代對「政治哲學」的否定，當前「政治哲學處在一種腐朽甚至敗壞的狀況，而且幾乎要被完全消滅」。❶此處稱為「奇怪」，有兩個意涵，其一是史特勞斯自身所意識到的。史特勞斯知道一般人很難理解，為什麼否定一個學院中的「學門」會造成整個社會的危機。他提出的解釋是「在過去，多數偉大的政治哲學家都不是大學教授」，所以「政治哲學基本上不是侷限在學術中追求而已」（TWM: 82）。他認為政治哲學的內容，其實是每個人日常生活中都會面臨到的問題、必須做出的選擇，亦即決定「什麼是好、壞，什麼是對、錯」，這些是每個人都會面對的。

　　可是，對於今天學習政治哲學的人而言，
「奇怪」的意涵（第二義）是在於史特勞斯似乎
找錯病因。一般認為一九七〇年代迄今，政治
哲學「死而復活」，又重新興盛，無論在巨型理
論的建構、政治思想史的新發展以及對政治現
實的規範性反思，都有相當不錯的表現（黃
默、陳俊宏, 1997: 5-11）。換言之，史特勞斯所
提出的病因已不復存在，倘若「現代性危機」
（不知對錯、好壞）仍然持續，即意謂著史特勞
斯診斷錯誤。

　　但史特勞斯真的錯了嗎？我們可以先看他
對「政治哲學」的定義，他認為「政治哲學是
試圖真正知道政治事物的本質以及對的、好的
政治秩序」（WIPP: 12）。這對於今天學習政治
哲學的人而言會是一個「奇怪」的定義。在今
天政治哲學界普遍預設多元價值、相對主義、
文化差異，甚至受到後現代、女性主義、後殖
民主義等影響，一般人很難相信還有人會宣稱
追求「本質」或絕對的理想政治秩序。

　　因此，我們可以認定史特勞斯所界定的

「政治哲學」與當前興盛的「政治哲學」是屬於
不同的預設與主張。否則，依史特勞斯的主
張，「政治哲學」就能讓我們認知「政治事物
的本質」、「好的、對的政治秩序」，我們當前
就應能清楚的知道準則、目標是什麼，而不致
落入相對主義乃至虛無主義的危險。❷

　　在下文中，爲了將史特勞斯所欲恢復的
「政治哲學」和當前一般理解的「政治哲學」做
區分，以免混淆。在行文時，以史特勞斯的政
治哲學或（古典）政治哲學，來指稱史特勞斯
所界定的「政治哲學」；而史特勞斯所界定的
「現代政治哲學」（modern political
philosophy）、「古典政治哲學」（classical
political philosophy）則維持不變。將史特勞斯
界定的「政治哲學」稱爲（古典）政治哲學，
主要是有三點原因：

　　第一，史特勞斯所界定的「政治哲學」，當
前一般認爲是「古典政治哲學」的觀點。

　　第二，史特勞斯所界定的「古典政治哲
學」，與他所說明的「政治哲學」，兩者極爲類

似。而史特勞斯認為「現代政治哲學」走錯路，與「政治哲學」本意相違背。

第三，那麼為何不直接稱史特勞斯所界定的「政治哲學」為「古典政治哲學」，而需在「古典」上加括號，成為（古典）政治哲學呢？主要考量的是，史特勞斯時常同時提到「政治哲學」、「古典政治哲學」的概念，對他而言，前者是一種本質性的界定，後者只是一種特定時空下的形式。對史特勞斯而言，他所要恢復的不是古典政治哲學，而是一種具永恆意涵的「政治哲學」。因此，在兼顧讀者的理解與史特勞斯的用語，所以稱史特勞斯界定的「政治哲學」為（古典）政治哲學。

再回到主題，史特勞斯認為（古典）政治哲學提供一個社會價值規範與目標，當（古典）政治哲學被認為是可能的、必要的時候，人們才能知道「什麼是對，什麼是錯，什麼是社會中好的、正義的、最佳的秩序」（WIPP: 10-1; TWM: 81）。否定（古典）政治哲學，意味著我們失去判斷的標準和追求的方向。

可是，爲什麼當前社會否定（古典）政治哲學呢？史特勞斯認爲主要問題出在「現代政治哲學」上面（PPCOT: 217）。他將「政治哲學」分爲古典政治哲學和現代政治哲學，他認爲現代政治哲學自馬基維里建立以來，與古典政治哲學——蘇格拉底、柏拉圖、亞里斯多德等人所代表的，在某些方面發生分歧、決裂。史特勞斯認爲現代政治哲學經過後來的霍布斯、洛克、盧梭、尼采等人，一波波將現代政治哲學導入荒謬，進而否定了（古典）政治哲學。

那麼，爲什麼「現代政治哲學」的發展，最終會否定（古典）政治哲學呢？史特勞斯認爲最主要是因爲「現代政治哲學」不再將（古典）「自然」視爲最高的權威，而發展出以「科學」、「歷史」作爲最崇高的兩個權威，他認爲此兩者正是導致當前否定政治哲學的主要原因。❸「科學」的影響，在於認爲只有經科學檢證的「事實」才是眞正的知識，「價值」無法檢證，所以不會成爲眞正的知識，因此放棄

進行「價值判斷」，而這與史特勞斯認為「（古典）政治哲學就是作價值判斷」相違背。所謂以「歷史」或貼切一點說「歷史意識」作為最高權威，是強調認知的歷史性、偶然性，認為一切價值、標準皆隨時空（歷史）而改變，沒有永恆真理存在的可能，這與哲學——追求永恆真理相違背。史特勞斯進一步認為此處「科學」、「歷史」的概念，是分別由「事實與價值判斷分離」、「歷史主義」所代表，以下分別介紹。

二、事實與價值的分離

晚近政治學區分出「政治哲學」、「政治科學」兩個領域，即可約略知道政治哲學被視為不科學；政治科學是不哲學的。而史特勞斯認為「這種區別使今天所有的尊嚴與誠摯，都離政治哲學而遠颺」。這其中很大的影響來自於現

代對科學的概念，認爲科學才是客觀認知眞正
知識的方法。而哲學或政治哲學，只是個人主
觀的臆測、價值判斷。因此，政治哲學在當前
並不是因本身的價值而存在，在許多學校的政
治學系中，只是依附於作爲歷史經驗探究的
「政治哲學史」而存在（WIPP: 17）。

　　爲什麼科學會如此受到推崇？爲什麼一般
人輕視價值判斷呢？史特勞斯認爲這主要是受
到自然科學發達的影響，更直接的說，是受到
十九世紀末以來，實證主義（positivism）對社
會科學研究的影響。實證主義主張「事實與價
值的分離」，認爲科學地研究社會現象時，必須
保持「價值中立」，只就事實層面進行探究。史
特勞斯認爲此一主張將會造成虛無主義，因爲
一個特定目標就是預設了一種價值，迫使我們
價值中立，就意味著我們不知道爲何要繼續追
求這一個目標，而開始對這目標猶疑，甚至失
去了目標（WIPP: 18-9）。

　　史特勞斯對這一問題的詳細討論，是藉由
對他認爲「本世紀最偉大的社會科學家」馬克

思·韋伯（Max Weber）的觀點作分析（NRH: 36），他認為韋伯正是採取「事實與價值分離」這樣錯誤的主張。因此，以下藉由史特勞斯對韋伯學說的介紹與批判，說明造成虛無主義的根由，以及釐出史特勞斯的回應。

　　史特勞斯認為韋伯受到十七世紀以來，自然科學發展長足進步的影響，體認到科學知識是永恆不變的真理，不會因不同文化、時空、研究者，而有不同的結果。但是當韋伯將焦點放在社會科學時，產生了一個問題，就是社會科學中的理論、指涉架構、關心的問題等，全然是受到歷史環境的影響。用韋伯的話，就是我們在社會科學中所提出的任何問題，莫不是有「指涉價值」（reference to values），而這些價值又是隨著時間而改變。但另一方面，韋伯強調雖然我們的問題，不免受到歷史環境的影響，但是我們所提出的答案可以專就事實層面上探詢，而無須做出「價值判斷」，就不會充滿不確定性。因此，韋伯認為我們應將「事實與價值分離」，社會科學僅專就事實層面作研究，

而保持「價值中立」(NRH: 37-40)。

　　史特勞斯認為「價值與事實的分離」，換句話說就是「應然」(Ought)與「實然」(Is)的區分，而他認為韋伯提出兩者的分離，其實是因為韋伯認為我們對於「應然」無法獲得真正的知識 (NRH: 41)。因此，我們可以發現對於「事實與價值的分離」，照史特勞斯的觀點，其實蘊涵的真正意義是，我們不能對於價值進行理性的證成，我們不能對於終極價值進行比較，我們無法排出價值與價值間的高低之別 (WIPP: 22-3; PPCOT: 223)。

　　為何韋伯認為價值無法評斷呢？史特勞斯認為韋伯是為了超越新康德主義關於個人倫理以及歷史主義的「相對文化價值觀」的兩個相衝突主張產生的結果。前者認為康德式的「道德命令」是訴諸於人的良心，這種命令在道德規範上具有特殊的尊嚴，高過於許多其他領域的價值訴求；後者認為人是受到文化及傳統的孕育、薰陶，人之所以為人就端賴所受到的文化教養、歷史影響。

　　因此，韋伯在面臨道德命令與文化價值相衝突時，他認爲兩者皆不能否定對方，我們無法斷定何者具有優先性。韋伯就再往上推一步，他提出「人格」（personality）或「人的尊嚴」（dignity of man）的概念，他認爲這是比道德命令、文化價值都還要更根本的前提。而韋伯進一步說明人格、尊嚴的眞正意涵其實就是「自主」（autonomy），就是人能自主地設立終極價值的目標（倘若價值、目標隨時變動，不足以彰顯人的尊嚴），在不受外力、激情的影響下，透過理性的手段達成（NRH: 44）。

　　韋伯既然認爲這種自主性，優先於道德命令及文化價值，我們就沒有任何的規範訴求，可以來約束每個人的自主性。用他的話來說，就是「追隨你的神或是魔鬼」（*follow thy god or demo*）。可是史特勞斯指出，這樣的觀點，預設了我們需對於目標（無論善、惡）全心全力的投入，以彰顯我們的尊嚴。但這種只著眼於手段（是否全心全力）的觀點，韋伯並無法證成，因爲要「始終如一」或「三心二意」，這也

是個人自主的範圍。因此，史特勞斯認為韋伯
的觀點將會淪落於接受現實，將每一種「實然」
的現象，當作是人的自主性、人的尊嚴所在，
而這種現象那怕是邪惡的、變動的，都無關緊
要（NRH: 44-7）。

　　以上說明了韋伯認為我們無法對價值進行
證成的原因，因為價值是跟隨於每個人的自主
性，亦即人的尊嚴而存在，彼此之間不能有高
低之別，否則就失去人的尊嚴。接下來，史特
勞斯進一步從韋伯社會學研究的具體成果中進
行批判，說明這種主張的問題與弊端。首先，
史特勞斯指出韋伯在研究中其實根本無法避免
價值判斷，著作中仍是充滿了價值判斷的語
言；其次，史特勞斯認為韋伯要避免價值判
斷，就是脫離了現實的真正生活，無法了解真
正的意義，無法真實認識這個社會以及其他的
社會。舉例來說，我們在面對納粹集中營的殘
酷事實時，倘若不將「殘酷」這樣的價值判
斷，成為理解的對象，而一味避開，用一些數
據描述這個現象，反而像是一種迂迴的諷刺，

而不是一種直接的研究。又譬如，對於婚外性
行為現象，倘若我們不先以價值判斷區別出，
通姦與一般性行為的不同，我們會連這個現象
本身都無法對焦。換句話說，價值本身也是我
們社會現象的一部分，要對社會現象有充分的
了解，就無法避免研究價值，甚至史特勞斯認
為我們應如這社會中的人理解這些價值，如此
我們才真能認識、了解這個社會，他認為這才
是真正的客觀（NRH: 50-62）。

　　當史特勞斯在檢視韋伯對於喀爾文教派與
資本主義的關係主張時，史特勞斯指出韋伯避
免了以「喀爾文神學的『腐敗』，導致了資本主
義的興起」這樣的價值判斷。因為對於神學而
言，世俗化、粗俗化是一種腐敗；可是對於當
今世界而言，資本主義精神的興起，促使了個
人主義、民主的開展。因此，這是宗教觀點與
非宗教觀點之間的衝突，史特勞斯從這裡推
出，當我們以哲學、科學追求真理時，倘若與
宗教的主張相衝突，這是我們人類理性所無法
解決的問題。他認為韋伯正是體認到這種衝突

的無法解決，並認爲在理性與信仰的衝突無解時，韋伯其實接受了信仰（faith）的主張，認爲科學（理性）其實也只是我們當代人的一種信仰，我們以人類的理性是無法解決各種價值信仰的衝突（NRH: 62-74）。

因此我們可以發現，韋伯的問題簡單地說，其實就在於他一方面相信科學如邏輯原則般的具永恆性；另方面，他也深信我們的主張、觀點會因歷史環境而改變，儘管是科學也是如此。這兩種衝突，正是絕對性與相對性的衝突，韋伯的解決之道，是將絕對性視爲一種信仰，人生是一場「諸神的戰爭」，各爲其主，意即每個人追求各自的理念。

至於史特勞斯如何看待這種韋伯認爲超越人類理性可以解決的衝突呢？此處約略歸納爲兩點：首先，史特勞斯承認，的確有些價值並非由人類理性可以處理，但他強調仍有許多價值是可以由人類理性判斷高低的。史特勞斯以山的高低作爲譬喻，他認爲我們的確很難比較出兩座高聳入雲的山之高低，但是我們絕對可

以輕易比較出一座大山與小山丘的高低。他認
為韋伯的世界觀，預設的就是鬥爭，任何價值
之間的衝突性皆無法避免，而認為「失敗正是
人類高尚性的標誌」。史特勞斯認為這種觀點，
否定了理性可以評斷價值，會造成鼓勵人們對
於善惡、對錯採取不負責任的態度（WIPP：
23）。

　　第二，史特勞斯區分出「科學的了解」
（scientific understanding）、「自然的了解」
（natural understanding），由此而區分出「科學
的世界」（the world of science）與「我們生存
的世界」（the world in which we live）。❹史特
勞斯認為韋伯會面臨無法判定價值的問題，在
於韋伯對於「本質」（reality）的預設，韋伯認
為「本質是一連串無意義、無止盡的混沌」，而
意義的獲得來自於「科學的」了解。所以對韋
伯而言，他的世界是由各種科學理論所構成，
正因彼此都屬於「理論」，所以難有高低之別。
史特勞斯則指出，「我們生存的世界」其實並
非是由一連串的無意義組成，而甚至於這種

「前科學」的生活、知識是先於「科學的世界」
而存在（WIPP: 23-5; NRH: 74-80）。史特勞斯
認為要解決價值判斷的問題：

> 只有對社會本質（social reality）進行廣泛
> 分析，而這種分析是我們在實際生活中所
> 認知的，是人類自有文明社會生活以來所
> 理解的，如此，具有評價功能的社會科學
> 才能獲得適當討論的可能（NRH: 78）。

史特勞斯也承認要想從我們今天的世界來
認識「前科學」的世界，是一件困難的事。因
為我們已深受科學的影響，「我們今天所生存
的世界已經是科學的產物」，唯有重新回到科
學、哲學尚未建立之前，亦即回到古典政治哲
學，才有可能認清。在第四章中對於這種前科
學的探究：「自然的理解」會有更深入的介
紹。

最後，藉由史特勞斯在〈何謂政治哲學〉
一文中對實證主義的批判，作為一個整理，說
明為何史特勞斯反對「價值與事實分離」：

1. 不對社會現象作出價值判斷，就無法進行研究。換句話說，史特勞斯認為政治事物、社會現象的本質即是蘊涵了價值判斷，就算是保持中立，也是一種判斷。

2. 主張價值與事實的分離，其實是預設價值與價值之間無法比較。史特勞斯認為不是每件事都無法進行比較，我們絕對有能力區分小丘與大山的高低。

3. 忽略了前科學的知識。這即是前面所提到的前科學的知識優先於科學知識，我們的生活不可能在一切經由笛卡爾式的懷疑論驗證後才能確定知識的存在，這樣的觀點是荒謬，違背常理的。並且，有許多知識是科學無法驗證的，譬如什麼是人，什麼是政治，史特勞斯認為這些都是前科學的知識，而這些大都以價值判斷的姿態呈現，否定這些觀點，就否定了這些基本的知識。

4. 實證主義必然轉為歷史主義。史特勞斯

認為實證主義為了要強調客觀中立，就
必須避免以一時一地的觀察作為普遍原
則，因此實證科學的發展，就著重於歷
史的研究。而透過對歷史研究，反映到
社會科學，就會造成相對的社會科學，
使得「當代科學皆是從歷史性的相對途
徑來了解事物」，亦即形成所謂歷史主義
的觀點（WIPP: 20-6）。至於這種弊端，
我們接下來會有詳細的討論。

三、歷史主義

　　歷史主義對於政治哲學可能性的挑戰，在
於它認為哲學與歷史問題基本上是無法區分。
換句話說，歷史主義認為哲學問題一定是在某
種歷史情境下提出、找尋解答，無論問題或答
案都是侷限於特定的歷史時空，根本無法如哲
學宣稱的具有永恆性、普遍性。因此，原本政

治哲學在追尋政治事物的本質、最佳的政治秩序都受到懷疑，因為哲學探究是隨時空而有變化，這與「本質」、「最佳」是相互矛盾的（WIPP: 57）。

不過，歷史主義有很多種，為了避免討論時意涵的混亂，先整理史特勞斯對於歷史主義發展的描述與界定，然後進一步說明導致否定政治哲學的原因，並整理出史特勞斯所反駁的理由。

史特勞斯所認為的歷史主義，簡單地說，就是主張所有思想皆是歷史性的，不可能有任何永恆的觀點。我們身處的文化、世界觀、文明、歷史情境，或用柏拉圖的譬喻「洞穴」，就是一切哲學的基礎。換句話說，就是先有歷史情境，然後才有哲學、理性的探究，歷史情境決定了哲學的發展，哲學是無法超脫於歷史情境的（NRH: 12）。

而較詳細地說，約略可以將史特勞斯指涉的歷史主義劃分為三種意涵，這三種有時間上的先後，也有思想上的演變。第一種可稱為歷

史主義的初期。史特勞斯認為歷史主義的興
起，是從「歷史學派」（historical school）對於
法國大革命中革命份子的主張不滿，所提出的
相對抗觀點。歷史學派認為革命派份子所主張
的普遍性原則、規範，只是對於現狀造成不
安、混亂而已。但他們也承繼了革命份子所預
設的「自然總是個別的」，亦即多元、個體性的
主張，但並非是下降到每一個人，而是設定在
民族精神這一層面上。舉例而言，英國人的權
利就有別於一般普遍性的權利，這裡注重的是
此時、此地的內在性價值，認為這種順應時勢
的規範，遠優於普遍性原則。只是此時的歷史
學派並非從實際的歷史研究中找尋標準，而是
受到十八世紀的自然權利影響，預設了民族是
自然的單元與歷史有一定的普遍性法則。此兩
項主張經不起歷史的考驗，於是歷史主義的初
期告終（NRH: 12-6）。

　　第二層次可稱為早期歷史主義或是理論的
歷史主義。此時的歷史主義類似實證主義中的
一支，因為特別重視「經驗」的研究。但是與

自然、社會科學不同的地方在於後兩者過於重
視方法，僅就細微、瑣碎的事物作探究。歷史
主義重視的經驗，則是著重對真實人類、作為
人之為人的探究。可是當歷史主義者想要從人
的具體環境中，試圖找出一些具體、獨立的標
準，卻會發現這些標準倘若沒有某種普遍性原
則的支撐，很難成為具說服性、權威性的規
範。可是歷史主義又反對普遍性原則，因此歷
史主義者寧願接受歷史其實是沒有任何客觀標
準可言，歷史的過程只是由人類所編織的無意
義的網絡，一切都只是碰巧而已。這種主張，
在史特勞斯看來正是造成虛無主義的產生，否
定了客觀標準，就只剩下個人的主觀認定、自
由選擇。而這種選擇也沒有客觀標準能區分好
壞，對於任何目標，不知其價值，就只能隨波
逐流、漂浮不定（NRH: 16-8）。

　　史特勞斯認為主張歷史是無意義的，並非
是新的觀點，而是古代就有這種想法。只是差
別在於古代學者試圖從混亂的表象中，追尋普
遍的原則；歷史主義者則譏評古代學者不敢面

對世界的眞實面，他們進一步認爲，人類的思想完全依附於歷史環境，而歷史環境卻又是多變、不可預測，因此人的思想必然會變、會隨時間改變。換句話說，就是沒有一種永恆的主張，沒有一種普遍不變的想法（NRH: 19）。

史特勞斯認爲這種觀點，只有看到表象。的確，我們可以看到隨著歷史演變，各種學說、主張也不斷變動，可是這並未否認某些特定觀點就因此沒有價值。被這個社會不重視，不代表錯誤、不對，只是代表目前不被社會上的多數、當權者注重。史特勞斯並以亞里斯多德爲例，認爲亞里斯多德的學說並非只是侷限在城邦的概念上，而亦能對於現代國家有所裨益，問題只在於我們是否能掌握他學說中的關鍵點（NRH: 19-23）。

另方面，史特勞斯認爲這種歷史主義的主張，將會導致自身的毀滅。因爲歷史主義主張，沒有一種不變的學說，這對於自然權利、哲學的確有很大的攻擊力，認爲所謂的哲學、自然權利皆只是奠基在變動的歷史上。可是套

回歷史主義自身,就是當歷史主義認為所有的主張皆是歷史性的、短暫的、隨時間而變的,若這是真確的,就意味著此主張本身就只是一種暫時的宣稱;倘若是錯的,就意味歷史主義的觀點並不成立(NRH: 23-5)。

回答這樣的質疑,就進入了第三種歷史主義的意涵,稱為基進的歷史主義(radical historicism)。這種主張否定超歷史(trans-historical)的觀點,認為所有的理解、所有的認知皆預設了一個指涉架構,這個指涉架構就是每個人所認知的整體、歷史環境。理性是依附於各種指涉架構的,所以我們不可能用理性來反省指涉架構,我們所能做的只有選擇。更明白的說,其實往往是命運選擇了我們。但最後的決定權還是在每一個人,這即是此處自由的意涵,我們可以選擇接受我們的命運,或是絕望地迷失我們自己。

而對於第二義的歷史主義矛盾,基進歷史主義者認為這不是歷史主義本身的問題,而是歷史「本質」的問題。至於基進歷史主義為何

可以認知到這種歷史本質，是因為這個歷史情境，他們稱為絕對的時刻。這是承繼黑格爾的觀點，但不同處在於黑格爾所謂的絕對時刻，是在於哲學對智慧的追求，轉變為對智慧擁有之時。而歷史主義則不認為人類可以解決基本的謎題，而認為絕對時刻正是這種不可解決性彰顯之時，或是人類認清了答案的虛幻性（NRH: 26-30）。

　　史特勞斯認為，倘若我們要說一個時代有一個時代的精神，那麼他認為我們時代的精神就是歷史主義，歷史主義最普遍的形式，就是將探求事物本質的問題，轉化為探求我們當前的問題。因此對歷史主義進行批判，他認為就等於對現代哲學進行批判，他認為這是一個艱困的工作。因此，史特勞斯僅就點出他認為歷史主義不能視為理所當然的地方，試圖動搖歷史主義的價值。以下我們就將史特勞斯所提出的觀點約略整理如下幾點：

　　第一，歷史主義認為哲學家所提出的問題、答案，是與歷史情境密切相關連，換句話

說哲學探求是脫離不了歷史的。就算再退一
步，認為哲學家有可能提出永恆性的問題，諸
如「何為最佳政體」這類的問題，但他們所提
供的答案一定是隨歷史情境而有變化。史特勞
斯不否認政治哲學家會與時代相關連，他認為
哲學家的著作，通常結合了論文以及政治宣傳
冊子的功能，譬如馬基維里的《君王論》、霍布
斯的《巨靈論》、洛克的《政府論》（TM: 55）。
當然哲學家的著作要適合當時的政治情境，但
這並不表示政治哲學家因此完全束縛於歷史情
境，而是可以提出他們認為具普遍性的答案。
史特勞斯並指出，所有的政治情境一定有些共
通性，否則又怎麼會皆稱為「政治」情境呢？
因此，他認為不同哲學家其實仍面臨某種程度
的共通問題，這即是他們提出普遍問題的基
礎。再者，對於哲學家所提出的答案，深受當
時環境與意見的影響，史特勞斯也不否認這樣
的情況，但他認為所以我們要更努力的從當前
歷史情境的偏見中解放出來，才能認知過去主
張的真正意涵。而這需要歷史研究的幫忙，但

他也強調，這絕不是意味著歷史研究等同於哲學探求，歷史研究只是一種輔助，哲學研究才是目的。

第二，歷史主義從古代各個哲學家提出相互衝突主張的事實，得出政治哲學號稱是提出普遍性探求，彼此卻沒有共通的問題與答案。這是歷史主義者在政治哲學經過長久的嘗試錯誤後，所得到的反思，亦即歷史主義因此懷疑政治哲學的可能性，這是一種更根本的體認。史特勞斯的回答是，我們至今仍找不到唯一普遍性的問題與答案，這意味著我們對於（古典）政治哲學探求這麼重要的事，仍還是處於無知的狀態，所以我們更要去探求，而非就此放棄。他並認為歷史主義其實也沒好到哪去，歷史主義者之間的差異，並不少於古代政治哲學家之間的不同。

第三，歷史主義認為它注重到哲學家與歷史情境的關係，這是遠優於非歷史主義的政治哲學家的洞見。史特勞斯則認為古代哲學家是「非歷史主義者」，所以用歷史主義來理解古代

哲學家，只會造成誤解，沒有助益。

第四，歷史主義認為政治哲學不能決定未來，換句話說，歷史主義認為歷史隨時代而變化，政治哲學如何能宣稱它找到永恆性的價值呢？史特勞斯面對這樣的質疑時，他認為首先，只要人與野獸、天使間尚有區分，我們就能知道人的限制在哪裡。其次，對於我們當前根本無法知道的事，這也不是我們需擔憂的，就由未來解決（WIPP: 56-77）。

史特勞斯點出了歷史主義的主張必須適用於歷史主義的本身，「一切人類的思想根本上都只有在短暫的歷史情境下才能成立」這樣的主張必須適用於歷史主義本身，他認為這種矛盾，正是「歷史主義的自我毀滅」（Tarcov & Pangle, 1991: 216）。

伽達瑪（H.-G. Gadamer）則與史特勞斯有不同的觀點，他認為「一切認識都有歷史條件性」和「這種認識是無條件地有效」這兩個命題，首先要問的是，兩者是否在同一層次上，不同層次間的問題並不會造成矛盾。若退一

步，就算兩者是屬於同一層次，伽達瑪認爲這不過是邏輯上的矛盾，但並不能因此否定歷史主義的意義，因爲對他而言，「嚴肅的歷史主義會認爲，人們終有一天會進行非歷史主義式的思考」，這意味著歷史主義的眞確性（1984: 483）。

這在邏輯上，與「相對主義」所面臨的問題是一樣的，堅持相對主義就是一種「絕對主義」，與相對主義相互矛盾。我們先暫且放下這個邏輯上的矛盾問題，此處關懷的是政治哲學的可能，歷史主義是否以歷史的變化取代了哲學的可能。其實，我們可以明顯地看到，歷史主義與史特勞斯的觀點都面臨同樣的處境，就是找不到永恆不變的眞理。差別處是在於前者放棄了追尋，而認爲根本不存在；後者，則認爲就是因爲還沒找到，所以更要找。兩者的區別就成爲心態、態度或說方向上的差異，而非理論上可以判別眞、僞的觀點。

史特勞斯進一步爲他的觀點提出更多的理由，包括他很技巧性的指出既然皆稱之爲「政

治現象」必有共通性，否則爲何皆稱之爲「政
治」現象。另外，他從1933年二次世界大戰德
國猶太人的慘痛經驗指出，最基進的歷史主義
者（海德格）在德國當時處於最不智、最瘋狂
時，卻只能隨著歷史潮流做出屈服與媚俗的動
作，史特勞斯認爲歷史主義強調歷史的變動，
放棄了理想社會的追求，可是「1933年的事
件，毋寧已經證明人類不能放棄對善的社會的
追求，而且爲求答案，人類責無旁貸」（WIPP:
27）。

　　因此，當理論上不易進行比較時，就政治
哲學的討論，需進一步拿到政治生活中作比
較，史特勞斯似乎即是持這種觀點。這裡有一
個重要的差異點，在於是否有「本質性」規範
的存在，歷史主義認爲沒有；史特勞斯認爲
有，有關史特勞斯的主張，會在第四章詳細地
說明。

注釋

❶見WIPP: 18, 79; TWM: 82; PPCOT: 217-8, 227, 229; CM:
2; HPP: 1。在當時許多學者皆有此看法，譬如R. Dahl認
爲「政治哲學在英語系國家中已經死亡，在共產國家中
業被監禁，而在別處則氣息奄奄」(1968年)，英國政治
學家P. Laslett則說「無論如何，就目前而言。政治哲學
已經壽終正寢」(1956年)，轉引自郭秋永 (1995:
371)。

❷從其他的角度來看，劉述先認爲晚近伽達瑪、羅爾斯、
哈伯瑪斯等西方思想大家，不是擺脫不了相對主義、虛
無主義的糾纏，就是所提出的只是工具理性、程序原則
等，都無法面對實質倫理的問題，譬如「爲何我應該道
德？」等問題 (1993: 219-223)。因此晚近的政治哲學
發展，充其量只是在史特勞斯界定「現代政治哲學」的
邁進，與史特勞斯所嚮往的「古典政治哲學」仍有很大
的差距，因爲當前人心的虛無主義心態仍未能解決。另
方面，「後現代」學者宣稱「哲學終結」、「哲學死
亡」，哲學遭到否定，政治哲學也難以維持，因此，史
特勞斯的問題應仍具有時代的意義。

❸見CM: 1-2, 7-8; WIPP: 60;SPPP: 137; TWM: 81-2。

❹這種區分是受胡塞爾現象學提出「生活世界」(life-world)
的影響，見Berns (1991: 169-70); Miller (1975: 92-3)。

第三章
現代政治哲學的發展

　　史特勞斯認為現代性危機的根源來自
（古典）政治哲學遭到否定，而這種否定又主
要是因為受到「事實與價值分離」和「歷史
主義」兩種主張的影響。史特勞斯所提出的
解決方案，除了是回應上述兩種主張外，他
主要的目標，是希望重新恢復（古典）政治
哲學，而使社會重新擁有一套堅定的價值標
準與目標，進而克服現代性的危機，避免落
入虛無主義的困境（PPCOT: 217-8; CM: 1-
11）。

　　那麼，史特勞斯如何恢復（古典）政治
哲學？他認為「現代政治哲學」的發展出現
了危機，而上述兩種思潮就正是現代政治哲
學的產物，如果再繼續下去，亦難以挽回根
本存在的錯誤。他主張應重新開啓「古典與
現代之爭」（quarrel of the ancients and the
moderns），❶亦即同時對現代和古典政治哲
學進行研究，一方面詳細了解「現代政治哲
學」的發展，並釐清現代政治哲學原先的假
設與前提，看看是否能在此基礎上克服危機

的發生；另方面仔細探究「古典政治哲學」的精神，與現代政治哲學的假設、前提等相對照，檢視現代視爲理所當然的「進步」、「相對主義」、「歷史主義」、「事實與價值分離」等觀點是否能夠成立。史特勞斯透過這樣的努力，摒除薄古厚今的偏見，達到眞正的開放，讓古典與現代的信條相互爭辯，交互檢證，並企圖從中找出解決現代性危機的方案（Tarcov & Pangle, 1987: 910）。

　　值得注意的是，史特勞斯主張重新開啓「古典與現代之爭」，而並非直接訴諸於「古典政治哲學」。他提供的是有別於現代政治哲學的另一個「可能性」，供我們作比較、參考，而能從現代的侷限中，重新思考古典的意義。史特勞斯著作中雖然大多推崇古典，貶抑現代，但這並非意味史特勞斯主張將古典的教條做爲我們今天的標準，他清楚的知道「古典的原則不能適用於現代，現代的問題，只有從現代才能找出解答」（CM: 11; PPCOT: 229）。

　　因此，以下我們就順著史特勞斯所引導的思路，重新開啓「古今之爭」，首先介紹現代政治哲學的建立與發展，希望從中釐清隱含的弊端，然後在下一章中討論古典政治哲學，希望藉此能尋求政治哲學的眞義，進而期望能如史特勞斯所言，可以解決當前的危機。

一、現代性三波

　　史特勞斯將現代政治哲學等同於現代性，以下從史特勞斯界定的「現代性三波」（the three waves of modernity）❷作爲介紹現代政治哲學的主要架構，每一波都各有重要的現代政治哲學家作代表。❸第一波現代性（亦即現代政治哲學的建立）是由馬基維里奠定，而後繼承並一步步往前推的是霍布斯、洛克、孟德斯鳩等。

　　第二波則是由盧梭提出，史特勞斯認爲
盧梭原本是對第一波現代性提出批判，所以
他又稱爲現代性的第一波危機。但又因盧梭
的批判，是繼承第一波的預設，反而將現代
性更往前推一步，成爲第二波的代表（WIPP:
50, 53）。受到盧梭影響並繼續往前推展的是
德國觀念論，主要是指康德以及黑格爾。第
三波的現代性則是由尼采提出，海德格集其
大成，同樣是對前兩波的否定，但又將現代
性發展推至極端，產生第二波的危機，又可
稱爲「我們時代的危機」。❹爲了方便理解，
以下列表格（**表3-1**），作簡單的整理，以說
明三波現代性以及兩波現代性危機的代表人

表3-1　三波及兩波現代性危機的代表人物

現代性	現代性危機
第一波：馬基維里、霍布斯、洛克、孟德斯鳩	
第二波：盧梭、康德、黑格爾	現代性的第一波危機
第三波：尼采、海德格	現代性的第二波危機（又稱爲「我們時代的危機」）

物。

至於爲什麼不直接勾勒出現代性（現代政治哲學）的特徵，而需從歷史的演變著手？這是因爲史特勞斯認爲，我們當前所理解的大部分觀念、想法，並不是我們這時代首先發明創造的，其實是歷史的產物，是經過幾百年、甚至幾千年的時間形成、演變、轉化而到今天。因此，他認爲要想眞正釐清一個觀念或一組觀念，就必須從觀念的歷史演變著手，如此才能清楚地看到原來我們習以爲常的一些觀念，在其中已經隱含了許多預設與前提，只是因爲時代變遷，所以模糊不清，隱而未現。要發掘這些，史特勞斯認爲，唯有透過「歷史的研究」（WIPP: 73）。

對我們此處來說，歷史研究有助於我們認清現代政治哲學，了解其中可能的偏見。更重要的是，史特勞斯認爲現代人大都受到「現代政治哲學」的影響而不自知。「他們無法看出馬基維里邪惡思想的特徵，因爲他們是馬基維里傳統的繼承者；因爲他們的老師

或已不可考的老師的老師，已經受到馬基維里的腐化」(TM: 12)。

下文的安排是以第二節介紹現代性第一波；第三節介紹現代性第二、三波；第四節則藉由史特勞斯自身的整理，將現代性的特徵簡單地歸納爲三點，也算是對於現代政治哲學（現代性）的小結。

二、現代性的第一波

史特勞斯認爲建立現代性，開啓現代性第一波的是馬基維里。❺而這種開創性，他認爲不在於馬基維里是第一位愛國主義者（馬基維里關心的是整個世界）；也不在於他是第一位政治科學家（馬基維里的著作充滿價值判斷的主張）。馬基維里的現代性在於他是一位「邪惡之師」(a teacher of evil) ——放棄了外在客觀「善」的標準，轉爲只顧及

自身的利益。❻

　　這裡所指稱的現代性特徵，在於馬基維里放棄了傳統的兩大標準──哲學上的「自然」與宗教中的「神聖法」（Divine Law）。馬基維里認為這些是虛幻，甚至是另一個世界的標準，都只是空想而不切實際，並不真能對我們所處的世界有什麼幫助。他主張我們應從「實際上」的政治生活出發，而不是探究「應該是」什麼。所以他認為我們應「降低標準」（lower the standard），設定人類真正所想要的目標，如此才有可能達成。他並認為古代理想政體的達成，都需憑藉「機運」（chance），而他主張機運是可以克服的，他所設想的政體是不需依賴機運，就能達成的。❼

　　馬基維里一方面將標準降低，一方面又摒除了機運的不確定性，為的是確保他的政治主張實踐。那麼，馬基維里的政治主張是什麼？為什麼這種降低後的目標是可以被達成的？他認為什麼是人類真正想要的？為什

麼機運可以被克服？以下分別從關懷問題、
人的自然天性、政治社會以及馬基維里的計
畫等方面說明。

　　首先，為什麼馬基維里要與傳統作決
裂？他關懷的是什麼樣的問題？史特勞斯指
出馬基維里當時的環境，古典哲學的「沈思
生活」侷限於修道院中，而基督教的慈善
（charity）成為當時人們的道德規範。但是這
種規範，因為目標過高，加諸在人身上時往
往變質為殘忍、不人道的迫害。馬基維里認
為，為什麼要將目標定的這麼高？難道，不
能降低目標，追求透過世俗理性計算就能達
成的規範嗎？因此，史特勞斯認為馬基維里
對於現代性的開創，其實是基於對宗教迫害
的一種反動（WIPP: 43-4）。

　　其次，我們可以注意到馬基維里對於人
性的認識。他認為人性是追求利益、快樂、
安全，而並非依自然追求德性。因此，簡單
地說，人性就是自利，這才是人類真實的本
性。這有別於古代目的論（theology）的主

張，認為每一個東西，都有其最終的目的，
而達成這目的也是達成完美（perfection）的
時候。史特勞斯認為馬基維里此時對人性的
重新界定，不再從人的可完善性
（perfectible）、追求德性出發，而從人性傾向
作說明，這即是隱然否定了古典目的論的說
法，但是他認為此時馬基維里並沒有提出有
效的證明，而這一直要到自然科學發展之
後，才較有效的否定目的論的主張。❽

　　我們再從政治社會的角度來看，馬基維
里不僅認為人性並非依自然追求德性。他指
出是在政治社會建立之後，德性才得以存
在。德性並非是本質上的存在，而是依賴於
政治社會中的法律、習俗。他更從羅馬的建
立，是由一連串兄弟互相殘殺的例子，指出
政治社會的建立其實是奠基於不道德、不正
義的手段。因此，政治社會制訂法律，而依
法律所界定的道德、正義，其實是奠基於不
道德、不正義的政治社會而存在。馬基維里
並認為我們社會中所謂的德性，其實只是指

符合於「集體私利」（collective selfishness）
的行為，但他並不反對「集體私利」這樣的
事實，他所關切的是要如何鼓勵人共同追求
集體私利。他認為符合集體私利的行為並非
出於人的天性，是需要受到教育，需要強
迫。

　　可是如何使一個帶頭的壞人（君主），強
迫其他的壞人變好呢？馬基維里從人性出
發，「因人情，順勢利導」，他對這種帶頭壞
人誘之以「榮譽的欲望」（desire of glory），
最高形式的榮譽就是成為一位新君主，開創
一個全新的社會秩序。他認為要想獲得正
義、理想社會，就是配合人性，誘導新君主
的出現，然後制訂法律，獎善罰惡。此處馬
基維里由人性出發，鼓勵人追求自利，將這
種自利發揚出來，並透過法律將自利轉為對
於光榮的追求（譬如，對戰功的賞賜），如此
私人的惡就會轉為公德，進而建構出一個現
實可行的理想社會。❾

　　最後，我們再從馬基維里的計畫來看，

史特勞斯認爲馬基維里是思想家中，第一位
認真要將自己政治主張實現的人。馬基維里
區分出有武裝與沒有武裝的先知，他認爲有
武裝的先知才能勝利，摩西即是例子，而耶
穌則是沒有武裝，而失敗的例子。史特勞斯
在此處點出，難道馬基維里真的認爲耶穌是
失敗者嗎？假如沒有武裝的先知一定失敗，
作爲開創者的馬基維里難道沒有意識到自己
的注定失敗嗎？史特勞斯認爲馬基維里其實
模仿的對象正是耶穌，而耶穌絕非失敗者，
耶穌的勝利在於他的主張能在死後繼續「宣
傳」（propaganda）。馬基維里深知自己在當
世難以成功，所以他寄望在後世實現。他仿
效耶穌的「宣傳」，拉攏「大部分的人」，斥
責古典對於民眾的輕視（因此史特勞斯認爲
民主理論最早還可推到馬基維里），重視人民
的力量。但這並非說，馬基維里相信「民眾」
可以達成他的目標，史特勞斯認爲馬基維里
推崇「民眾」，只是爲了使他的書能夠流傳。
而馬基維里真正寄望的，是其中少數有權力

者（帶頭壞人），了解他的觀點，成爲新的君
主，創立新國家，透過制度的安排而非人格
的薰陶，一個理想社會即將出現。❿

　　總結來說，馬基維里在史特勞斯的詮釋
下，區分了應然與實然，主張目的論意涵的
「自然」應該和實際政治分離；拒絕外在的超
越性標準，將標準降低爲依人類自然天性即
可達成的目標；主張透過實際可行的人爲努
力與制度安排，即可征服機運，達成理想社
會。

　　此處，我們可以看出，史特勞斯會將馬
基維里稱爲現代性的開創者，這與一般視笛
卡爾爲現代性的建立者，其實有很大的雷同
性。⓫一般認爲現代性或現代哲學的重要特
徵，就是主體哲學的出現。笛卡爾主張「我
思故我在」，「以人之意識爲世界之中心，人
可透過意識表象的建構和計畫來操縱改造世
界。人成爲宰制世界的主體，世界則化約爲
被宰制的客體，如海德格所說，成爲世界圖
像（world-as-picture）。海德格認爲自笛卡爾

開始的『現代』就是一個『世界圖像的時代』」
（路況，1992: 8）。史特勞斯將現代性開端再往
前推，始自於馬基維里，馬基維里放棄古希
臘哲學的「自然」以及神學的「聖經」標
準，將標準降低，以人為世俗的力量建構理
想社會，這不正是人類主體性的展現嗎？藍
柏特（Lampert）亦從史特勞斯詮釋亞里斯多
德對好公民的概念讀出相類似觀點的言外之
意。他指出史特勞斯認為一般政體下的好公
民是「愛自身」（love of one's own），為自己
的國家效忠；而最佳政體中好公民（同時也
是好人）是「愛善」（love of the good），而史
特勞斯的祕傳性教義在於認為「愛自身」正
是現代政治哲學的特徵，而「愛善」則是古
典政治哲學的目標（1978: 45-6）。因此，史
特勞斯從政治哲學的角度（政治哲學對史特
勞斯而言，是哲學的核心，他稱為「第一哲
學」⓬），將現代性──人類主體意識的起源
更往前追溯了約一百年⓭。

　　史特勞斯認為歷史在馬基維里之後的兩

項發展，與馬基維里區分應然與實然以及將
目的論式的「自然」與政治分離相呼應：其
一是自然科學的革命；其二是霍布斯的主
張。史特勞斯認為應然與實然的劃分，著重
人類自身力量亦即人類主體意識的展現，從
對自然的順應，轉變為征服自然的心態。使
得自然科學能針對事實進行探究，而不再受
到應然的束縛，自然科學因此有革命性的發
展（TWM: 87-9）。

　　至於霍布斯的主張，史特勞斯認為馬基
維里自喻是道德上的哥倫布，發現新大陸，
而其後的霍布斯則是在其上，建築現代政治
哲學大廈的人（WIPP: 47-50）。簡單地說，
馬基維里區分自然與政治，可是霍布斯對
「自然」進行重新詮釋，他界定的自然權利與
古典有很大的差異，這種自然權利不是指人
類的「可完善性」，而是為求「自保」（self-
preservation）。從此出發，霍布斯將自然與政
治再重新結合，政治社會的成立是基於人類
自然權利──自保的要求。至此，史特勞斯

認為「馬基維里的革命才眞正獲得全部的力量」，人類不是與自然脫節，相反地，人類將自然爲其所用（TWM: 86）。

霍布斯宣稱自己是現代政治科學的開端，史特勞斯認爲霍布斯的學說雖大多來自於傳統，但的確有重大的創新。霍布斯的學說繼承了傳統政治理想主義（political idealism）「政治是必要」的觀念與伊比鳩魯學派（Epicurean）傳統的快樂主義（hedonism），這兩者原是互相矛盾的學說，前者認爲人依自然是政治的動物，後者則是反政治；前者認爲善的事物是獨立於快樂之上，後者以快樂爲善，霍布斯則將兩者結合而成爲政治快樂主義（political hedonism）。稱爲政治快樂主義是霍布斯將快樂主義的主張帶入政治領域中，認爲每個人追求自身欲望的滿足，就會達成秩序良好的社會（其間的手段爲契約論），如此個人是否有德行並不重要，重要的是社會規範的建立。這種想法還有一個觀念的配合，就是認爲科技可征服

自然，克服社會資源的有限性，使人獲得更
大利益，而無須限制人類自身欲望或要求培
養德性。換句話說，個人欲望可透過科技無
限滿足，而不會與社會相衝突，因為社會的
資源亦是無限。

　　史特勞斯進一步認為，政治快樂主義同
時帶來政治無神論，因為政治再也不需靠宗
教的力量達成完美政治秩序，所依賴只是人
類的恐懼、追求財富等本能即可（NRH: 166-
169）。總結來說，史特勞斯對霍布斯現代性
的描述，認為對現代人而言，社會的功能是
欲望的極大化滿足，征服自然是達成前述目
標的可行方法。而欲望的解放並不會造成社
會的傷害，因為個人與社會集體的利益並不
會相衝突，此時端賴受啟蒙的自利心即可達
到自我節制而對社會有利，無須宗教的掩飾
（Drury, 1988: 134-45）。

　　接著在霍布斯之後，史特勞斯提到了洛
克、孟德斯鳩，簡單地說，史特勞斯認為霍
布斯的主張過於大膽，譬如談及無神論，令

許多人無法接受。而洛克則將霍布斯的學說
全部繼承，但轉換爲一般人可接受的語言，
將霍布斯懼怕橫死的自保觀念，轉爲「財產
權」的保護，或稱之爲「舒適自保」
（comfortable self-preservation）的權利，因此
「社會中普遍的富裕與和平成爲完美正義的必
要和充分條件」。至此，政治問題轉爲經濟問
題，原先一個理想政治社會的建立，是要透
過政治手段達成，現在只要追求人民經濟上
的富裕，理想社會就自然建立。史特勞斯從
標準下降的觀點，他認爲「經濟主義
（economism）就是馬基維里主義
（Machiavellianism）時代的到來」。史特勞斯
認爲孟德斯鳩最清楚這樣的發展，當他談到
羅馬共和時期的「德性」（virtue）與英國的
「政治自由」（political liberality）兩種相衝突
的觀念，孟德斯鳩選擇的是後者。他認爲後
者具有堅強、可靠的基礎——貿易和財富，
而前者卻只能期待於機運（WIPP: 49-50;
TWM: 89）。

最後，藉由卓瑞的整理，將上述第一波
現代性的特徵，包括馬基維里、霍布斯、洛
克、孟德斯鳩等人的觀點，條列出六點重要
特徵。這一方面是補充疏漏的地方；另方
面，也算是替這一節作個小結：

（一）個人權利不可侵犯

因為科技的發達，使得個人的欲望不會
和社會資源衝突，社會整體就沒有理由對個
人提出限制的要求，進而使個人權利不得受
侵犯的主張，更為穩固。

（二）公共領域的消失

馬基維里捨棄了政治生活中的沈思，霍
布斯等人更進一步放棄公領域「榮耀」等德
性，而完全以各種個人欲望的追求，作為社
會運作的動力。

（三）德性觀念的轉變

古代的德性是勇敢、慷慨、驕傲；而現

代的德性是社會德性、商業德性——和平。

(四) 拒絕古典自然

古代是依自然追求良善的生活，受少數有智慧的人統治；現代則是全憑欲望的追求，反對自然，從人的生物性觀點出發，認爲人與人之間能力相當，因此主張人人平等，以全體大眾的基本生活爲最高目的。

(五) 價值相對主義

在政治快樂主義下，快樂只有量的區別，而沒有質的差別。而快樂是善，所以各種善之間也沒有質的區別，各個價值是相等的。這造成價值相對主義，認爲沒有一個價值優於其他價值。

(六) 主張「公開性」與對「祕傳性」的排斥

現代由於政治快樂主義導致政治無神論，透過政治手段即可追求正義的社會，不用假造宗教神話教化人心，因此不怕哲學的

探討，而更進一步將哲學視爲工具，以達到政治統治的目的（1988: 145-150）。

史特勞斯認爲第一波現代性，侷限在現實主義的觀點，縮小了人類道德的可能性，對於自稱發現道德新大陸的馬基維里，史特勞斯以提出「適合人類居住嗎？」（WIPP: 40）的反詰，作了否定式的註腳。

三、現代性的第二、三波

史特勞斯認爲盧梭是第二波現代性的開啓者。盧梭原是著眼於對第一波現代性進行批判，他認爲古典城邦所關心的是城邦與德性，而現代國家卻只注重貿易和金錢。盧梭所嚮往的是古羅馬的時代，他認爲這是一個最自由、最具愛國心的時代。盧梭所做的努力是回歸到古典，對於其後的德國觀念論、浪漫主義有很大的影響，兩者皆試圖回到古

典（WIPP: 50）。

　　但是，史特勞斯認爲盧梭雖然以古典之名，批判現代，可是卻以現代的觀點重新詮釋古典。盧梭對自然的理解，是承接霍布斯、洛克的自然狀態的概念，認爲「所有探究社會基礎的哲學家，都應體認回到自然狀態的必要」。而這種自然狀態不同於古典的自然，古典是從人自然天性的目的（natural end）來理解人性，譬如一個種子長成一棵大樹，古典是從大樹的角度來理解種子的自然，現代則是從種子的生存之道來理解自然，而對於人類，是從本能的欲望來理解（TWM: 89; WIPP: 50-1）。

　　但盧梭更進一步指出，霍布斯認爲自然狀態下的人具有理性，會進而締造契約以求自保。盧梭則稱透過物理式的研究（physical investigation），指出霍布斯所謂自然狀態中的人類，其實都是從現代社會中人的觀點來看，所以彼此之間會有爭鬥、嫉妒、懼怕橫死、理性等。盧梭認爲眞正自然狀態下的人

類，沒有語言就沒有普遍觀念，沒有普遍觀念就不會進行理性思考，換句話說，此時的人類並不具備理性。另方面，自然狀態下的人類不具社會性，沒有與他人交往，根本不會產生財產權、嫉妒心、驕傲等社會中才會出現的觀念與性格（NRH: 266-72）。

　　盧梭認為自然狀態中的自然人是孤獨的，不具社會性的。自然人的基本欲求是自我保存，一種自利的心態，但同時也具有一定的同情心，不會無端的攻擊別人，在自我保存無虞的情況下，也能對他人伸出援手。盧梭最推崇自然人的地方，在於自然人是真正「自由」的，可以隨心所欲，順著自然的本性悠遊於大自然之中。

　　但是，史特勞斯指出盧梭所謂的自然狀態下的人類，無善、無惡、充滿了可塑性，但也正因此，史特勞斯認為只是次人類（sub-human），並不具備「人性」。換句話說，盧梭原本希望以自然作為我們的標準，可是他提出的模範，卻不是「人」，是還沒有

具備「人性」的人，還不知道會往善、往惡
發展的人，如何能期待我們以此爲榜樣呢？
史特勞斯認爲這種主張影響到後來，就是開
啓了認爲人性是從歷史的演變中所獲得。這
即是德國觀念論——康德、黑格爾等的觀
點，所以會有歷史是理性的過程，人類是透
過歷史演變趨向完美。此時，自然的人性不
再成爲判準，歷史就成爲新的判準。❹

　　盧梭解決這種自然人（次人類）的問
題，是以自然狀態繼續的演變來說明。盧梭
認爲自然狀態必然會進入文明社會，因爲人
類爲了要面臨生活中許多不確定的因素，慢
慢累積了經驗，從經驗中推導出一些普遍法
則，人類的理性於焉產生。人類有了理性，
接著工具、私有財的觀念也慢慢形成，也開
始出現貧富之間的差別，富人爲了確保他們
的財產不受侵害，就會主張成立社會。所以
對盧梭而言，「人生而自由，卻無處不在枷
鎖之中」，文明社會的成立本來就是有利富人
的保護財產，而限制貧窮人的發展（NRH:

285-6）。

　　盧梭努力要作的是希望能扭轉這種困境，他接受霍布斯、洛克等人的觀點，摒棄古典德性觀，但也拒絕前二者認為自然人即具備理性，而從自然人的真正本性「情感」（passion）出發。盧梭所重視的是自然狀態下人類所持有的自由，這對他而言是自然的。但是在文明社會中，處處充滿枷鎖，充滿限制，盧梭希望讓文明社會中的人類仍能獲得「自由」，他提出了公意志（general will）的觀點。

　　盧梭認為就個人，自己服從自己的意志是自由，那麼集體生活中的自由呢？他認為倘若每個人都能共同分享公共規範的建立，那麼服從這種規範，就是等於服從自己，就是一種自由，這即是他著名的公意志的觀點。他並認為當一個社會中的法律是由人們共同參與公意志的制訂，並共同遵守，這種社會他稱為「道德社會」。史特勞斯指出，盧梭的道德社會中的道德，其實是將所謂的道

德原則普遍化，這是一種「水平式的延伸」，之所以稱爲道德，並非如古代是具有特殊的實質內容，或符合「垂直性的要求」，譬如靈魂應在肉體之上，理性應在欲望之上（NRH:127）。盧梭的道德，只著重在形式上符合普遍性，而康德的道德第一原則：「不論做什麼，總應該使你的意志所遵循的準則，永遠同時能夠成爲一個可以普遍遵守的立法原理」，❶即是接受這種觀點。

　　史特勞斯尚點出另一個重要的特徵：「盧梭對於『公意志不會犯錯』的概念是將實然等同於應然——展現了實然與應然之間的差異可以克服」。換句話說，盧梭的道德規範是將實然與應然結合，實然的就是應然的，公意志的決定（全體一致、多數決）就成爲道德原則，而沒有超越於人類規範的自然法存在。黑格爾正繼承了盧梭實然與應然結合的觀念，提出「存在即是合理的」。在馬基維里、霍布斯只是將應然的標準降低，提高實現的可能，但應然與實然之間仍有差異，可

是盧梭的公意志主張的提出，卻轉成只要是
公民共同制訂出的法律，即是所謂的道德
⑯。

　　總結來說，我們可以注意到盧梭進一步
往現代性邁進，主要有三個層面：首先，他
主張以物理式的探究研究人類，這是一種
「價值中立」的觀點，是現代社會科學的先
驅；第二，他所探求的自然人，並不具有人
性，而只是次人類，所以自然本身缺乏作為
標準的價值，人類必須從自身的歷史過程
中，探求人性的意義，這開啟了「歷史」作
為理性發展過程的重要性，並取代自然成為
人類的新標準；第三，盧梭的公意志主張，
進一步地將應然與實然結合，公意志的合理
性，來自於多數人的贊成，人類的道德標
準，就理所當然地呈現在人類歷史當中，所
以我們可以發現沒有所謂的超然標準，只有
人類所創造的價值觀。

　　從這裡我們已可隱約嗅到虛無主義的味
道，因為一旦人類的價值觀、目標皆來自於

歷史的變動，那麼在不同歷史環境中，標準
皆有所不同，我們如何可期待一個唯一、永
恆的眞理呢？不過接著的德國觀念論者，尙
保留歷史的理性進程作爲最高標準，認爲歷
史的演變是朝最高理性的發展。可是德國觀
念論者，譬如黑格爾，相對地就需回答爲何
他能發現這種主張的正確性，他如何能保證
未來不會因歷史的改變又有新的變化呢？所
以黑格爾提出歷史終結的觀念，他認爲他正
處於歷史的顚峰，歷史到此結束，所以才能
領悟到這樣的觀點（TWM: 95-6）。

　　但是對於黑格爾之後的人就不太能接受
歷史到黑格爾所處的時代爲止的觀點，尼采
所面對的正是這樣的問題。他批評歷史終
結，以及歷史一定是理性過程的觀念。史特
勞斯認爲尼采是第三波的開啓者，並認爲也
是現代性危機的第二波。與盧梭一樣，尼采
亦對現代性的發展進行批判，但在批判的同
時，史特勞斯認爲尼采也繼承了基本預設：
「歷史主義斷言歷史之壓倒一切的重要性，歷

史對人的生活和思想的決定性，以及歷史的
不可超越性，尼采接受了這一歷史無所不能
的斷言」，並又再進一步地將現代性往前推。

　　尼采繼承歷史主義對於「歷史無所不能
的觀點」，而否定了歷史是理性、有終結的說
法。換句話說，歷史主義否定了古典哲學，
認爲一切事物皆是歷史時空下的相對，但是
歷史主義仍維持一個絕對性，就是「歷史是
理性」這樣的觀點。可是尼采連這最後的理
性也推翻了，他認爲所有的理念都只是人類
創造的結果，歷史其實也只是一連串混亂的
過程，沒有超越的眞理存在。尼采面對這樣
的世界，他高喊著：「上帝死了！」他清楚
的知道其實人類主體性的發展，早已經取代
了上帝的律令。尼采戳開了原來的假面具，
揭露出世界是虛無主義的本質，史特勞斯認
爲這是「我們時代危機」的開端。

　　但這並不意味著尼采是虛無主義者，面
對這種混亂的世界，尼采主張對一切價值重

估（transvaluation）。尼采從萬物的一切活動中，找出一個共通點，他稱爲「權力意志」（will to power），萬物爲了求生存，會有一種自發的本能，小至求自保、求繁衍後代，大到戰爭的發生、哲學理念都是「權力意志」的展現。換句話說，人類的世界，是受到許多不同「權力意志」的宰制，而尼采認爲其中有一種最高的權力意志，就是「價值重估」，體認到「一切眞理皆是人爲所創造的」的眞理，亦即認識世界是虛無主義的眞理。從此出發，對一切價值進行重新評量，而這種工作的完成，並非是一般人所能達成，只有尼采心目中的「超人」（overman）。史特勞斯指出尼采的「超人」說提出，立足點還是在尼采認爲這最後洞見（final insight）是基於人類的高峰（peak），與黑格爾不同的是，最後洞見並不一定導致歷史的終結，而是由人們自己選擇。以尼采的話就是，人類要走向「超人」之下的社會，還是成爲「最後的人」（last man）所組成的社會。

　　尼采的觀點當然是傾向前者，史特勞斯
認為尼采就需面對一個衝突，就是一方面，
「超人」必須由柏拉圖式的「階層、貴族式特
徵」觀念支持；可是另一方面，人類的高
峰，意味著人類可以掌握自己的命運，人類
體認到人人是平等的，每個人都具備「權力
意志」，一切不平等的預設，只是虛假的。史
特勞斯認為尼采為了解決這種不平等、平等
的衝突，而提出「永恆回歸」（eternal return）
的觀念，並指出尼采還是回到柏拉圖的路
線，透過永恆回歸的觀念，訴諸於過去的事
一定會再重新發生，而將古代視為權威，說
服人們相信「超人」存在的正當性（TWM:
96-8）。史特勞斯認為歷史主義的最基進的形
式，亦即海德格的主張，是現代思想的最高
「自我意識」（self-consciousness），是進一步
地是對「永恆」的遺忘（oblivion of
eternity）。而人類對此所必須付出的代價是
「現代人必須從頭開始，關注於成為絕對的主
權者，成為自然的征服者、擁有者，努力征

服命運」（WIPP: 53）。

　　史特勞斯將尼采視爲現代性第三波的開啓者，同時也帶來現代性危機的第二波或稱我們時代的危機。茱克特（C. Zuckert）認爲史特勞斯所承接的問題，正是尼采對於「上帝死了」、「我們已經殺死祂」的宣稱，這一方面是尼采清楚的知道笛卡爾的主體哲學，以及後來康德、黑格爾的歷史哲學，都是人類意識建構出來的；而另方面他也點出根本沒有物自身（thing-in-itself）的存在，這種形上學的虛無主義，導致了倫理學的虛無主義。而尼采雖然提出「價值重估」，看在史特勞斯眼裡，這不過是主體哲學的更極端形式，「超人」（overman）超越善惡，自身的權力意志（will to power）決定了標準，而沒有任何外在的超越性存在。較具體來說，史特勞斯所承接尼采的問題是，哲學是無止盡的追求眞理，可是眞理本身卻沒有本質性的存在，那麼哲學的意義在哪裡？（Zuckert, 1995）這在許多「後現代」思想家中，他們

就是提出「哲學終結」、「哲學死亡」的宣
稱，反對這一切人爲意識建構的虛幻「大論
述」（grand narratives）（趙雅博, 1994: 894-
5）。而這又與史特勞斯所面對的（古典）政
治哲學遭到否定極爲類似，因此我們可將史
特勞斯看做是面對尼采所開啓的「後現代」
挑戰。⓲

　　這意味著史特勞斯承接尼采的問題，在
此基礎上，有的學者認爲史特勞斯其實就是
一位後尼采的虛無主義者，史特勞斯所做
的，只是認爲這種虛無主義主張應該隱藏起
來，因爲有害社會秩序，只有少數人才適合
知道眞理。⓳而有的學者則是認爲史特勞斯
從古代得到啓發，史特勞斯所做的正是試圖
力挽狂瀾，面對後現代的虛無主義，而建立
政治哲學的可能性與可欲性。⓴前者的立
場，可算是試圖揭露出史特勞斯的祕傳教
義；本書則是採取後者的立場，認爲應是較
貼近史特勞斯的用意。

四、現代性的特徵

本節是藉由史特勞斯對於現代性特徵的整理，希望清楚的呈現史特勞所理解的現代性。

上面對於現代性三波的介紹，可以知道，對史特勞斯而言，所謂的現代性，不是資本主義的發展、工業革命的興起，而是一種觀念。但這種觀念不是黑格爾界定的世俗化基督教信仰，也不是是指自笛卡爾、培根以後的啟蒙主義，將人類由非理性解放出來的「現代性」，而比較偏向以主體哲學作為現代性開端的觀點。史特勞斯對「現代性」的界定，等同於現代政治哲學的建立，他認為所謂的現代性的最大特徵在於「否定前現代的政治哲學」，現代政治哲學家有意識地與前現代決裂，而試圖發展出不同於前現代的政

治哲學（TWM: 83; PPOCT: 224）。

因此，要理解史特勞斯的現代性，首先要注意到他對於現代與古典的比較；其次，史特勞斯將現代性的演變歸諸於幾位偉大的哲學家、思想家，似乎這世界就是由這些偉人及其觀念在推動，其它一般的平民以及政治、經濟、社會、科學的演變，都似乎顯得微不足道，這也是頗值得注意的地方。

史特勞斯對於現代性特徵簡單整理出三點，這些又都可與前兩節現代性三波的介紹有所呼應，此處扼要地條列如下：

（一）現代性以人為中心（anthropocentric）

現代性以人為中心，這與聖經、中古時代是以神為中心（theocentric）和古典是宇宙中心論（cosmocentric）有所區別。史特勞斯認為雖然晚近自然科學的發展，證明地球是繞著太陽轉，似乎中心點不在於人類。但他指出我們只要看到現代哲學的次領域幾乎都圍繞著人及人類心靈，所有事物、所有思

想、所有眞理皆強調是由作爲思想主體
（thinking subject）的人類所創造出，人成了
萬物的主宰，這是與古典「人是萬物的準繩」
有很大的不同。前者強調的是人類的無所不
能；後者則是認爲人類只能衡量，並非是萬
能，人是依自然守其本分。這種觀點與聖經
的觀點相類似，人類即使是萬物的治理、管
理者，但是人的使命是由上帝所託付的，眞
正萬能的創造者是上帝而不是人類。

（二）現代重權利而不重義務

　　史特勞斯認爲相較於古代，現代是重視
「權利」，而輕「義務」。他指出這是與十七世
紀以來思想家主張人類「情感與權利是一致」
的有關。這些思想家認爲人的自然天性是自
保、懼怕橫死、同情心等，這些都是人類天
性的基本「情感」。而政治秩序的功能就應確
保人類自然的基本要求，亦即人類的「情感」
應受到保障，這些即是人類的「權利」。因
此，「情感」就與「權利」相一致。現代思

想家更進一步指出，理想的政治社會是由於
人類「情感」的需求而建構出來的，沒有這
些「情感」就無法建立出理想的政治秩序。
因此，「情感」是是必要、而且可欲的特
質，所以他們將「情感」視爲「德性」
（virtue）。㉑若再仔細探究「情感」的內涵，
現代思想家認爲「情感」，其實就是人類「自
由」的展現，由此自保＝情感＝權利＝德性
＝自由，因此「人性」的內涵變成由人類自
身所創造的，而不再是古典目的論懸之於外
的完美標準。

（三）現代思想最顯著的特徵是「歷史意識」

對於古代思想家而言，譬如亞里斯多德
認爲「歷史」作爲一門學問，是低於「哲學」
與「文學」之下；而柏拉圖在理想國中提及
哲學家的四門必修課程，也未包含歷史。可
是到了現代，人性的內涵自盧梭「自然人」
的概念以來，人性的概念必須透過人類自身
的歷史過程來決定。換句話說，人類依其

「自由」所呈現出的歷史進程，決定後來的人性，也決定了人類的標準，因此擺脫過去以「自然」、「神」作爲外在的準繩。是以史特勞斯指出，倘若每個時代眞有一時代精神，那麼「現代」的精神，他認爲就是對「歷史意識」的體認。他並指出這種歷史意識的體認，其中有一個很大的問題，就是將歷史作爲一種標準，而這種標準又是人爲的建構，因此「眞理是被創造（invent）出來」，而有別於古典政治哲學認爲「眞理是被發現（discover）的」。對史特勞斯而言，現代政治哲學的一個公理：「我們所知的就是我們所建構的（we know only what we make）」，於是人類的問題，或說政治的問題成爲一種「技術」問題，端賴我們如何去製造、雕刻、安排（扭曲、宰制）人性，就可以試圖建構一個理想社會。❷

　　經由歷史的角度對現代性、現代政治哲學及其危機作介紹，以及簡述史特勞斯對現代性特徵的扼要界定，接下來就是要轉到古

典政治哲學，看看史特勞斯到底爲何認爲古
典政治哲學可以提供我們當前危機的解決之
道。

注釋

❶十七世紀左右，在英國、法國發生了一場文學上的
　古、今之爭，爭辯到底是古典文學優於現代文學，或
　是反之。史特勞斯認為這不僅是文學之爭，也是古典
　哲學與現代哲學（科學）之爭，後來由牛頓總結了這
　個爭辯，現代占了上風，而史特勞斯則希望再重新開
　啓這場爭辯，見PPCOT: 217-8; RCPR: 243。Lampert
　認為古典與現代之爭是史特勞斯著作的核心（1978:
　39）。而Pippin認為史特勞斯對現代性的批判，是基
　於對古今之爭的主張（1992: 450）。

❷「三波」一詞應是史特勞斯借用柏拉圖《理想國》
　中，蘇格拉底在答覆Adeimantus的質疑時，提出建構
　理想國的三個波浪。第一波，是男女平等。第二波，
　則是妻兒共有，亦即共產、公妻制。第三個波浪，則
　是哲學家當王或君主恰為哲學家，即政治與哲學的一
　致（*Republic*, 449c-473e）。照史特勞斯的詮釋，這三
　個波浪，是一步步向理想國推進，但也使得理想國違
　反自然，更趨荒謬（CM: 127）。史特勞斯此處借用
　「三波」一詞，似乎也有隱喻現代性的每一波，一方
　面更往現代理想世界前進一步，但也使得現代社會違
　反自然，更趨荒謬。

❸見TWM; WIPP: 40-55;NRH: 165-323; TM: 9-14。

❹見NRH: 252-3; TWM: 89; Tarcov & Pangle(1991: 226)。

❺E. F. Miller指出史特勞斯原先認爲霍布斯是現代政治哲學的開創者，霍布斯對自然法、自然權利與古典和中世紀有決斷性的差異。後來，史特勞斯又認爲馬基維里才是現代政治哲學的開創者（Miller, 1975: 77）。史特勞斯的解釋是：開創現代性的第一位是霍布斯，但再進一步研究，應是馬基維里（TWM: 84）。

❻見WIPP: 40; TWM: 84; TM: 9-14。

❼TWM: 84, 86-7; WIPP: 41; TM: 290; SPPP: 213-5。

❽TWM: 85-6; WIPP: 42, 46-7。

❾TWM: 86-7; WIPP: 41-2; TM: 294。

❿WIPP: 43, 45-7; TM: 173, 294, 296-7。

⓫有關一般視笛卡爾爲近代哲學的開創者，可參見曾慶豹（1991: 1113-4）的介紹。

⓬見CM: 20，這是史特勞斯在詮釋蘇格拉底時下的結論，與一般從亞里斯多德將「形上學」視爲「第一哲學」的觀點有所不同。有關亞里斯多德的界定，可參見沈清松，《物理之後：形上學的發展》，（台北：牛頓，1994）：101。

⓭馬基維里生卒：1467-1527；笛卡爾生卒：1596-1650。

⓮ WIPP: 52; NRH: 271-6。

⓯此處是採用李澤厚的翻譯，見其《批判哲學的批判》，（台北：三民，1996），頁310。

⓰見NRH: 286-7; TWM: 91-3。史特勞斯是從盧梭對於
　主權者的觀點看待「公意志」的主張，盧梭認爲「主
　權者正由於他是主權者，便永遠都是他所應然的那
　樣」(By the very fact that he is, the sovereign is always
　what he ought to be.)。盧梭在《社會契約論》(Social
　Contract) 一書中，章節的安排是：在說明主權是不
　可分割、不可轉讓後，即得出結論——「公意志」不
　會犯錯。史特勞斯因此認爲盧梭將「實然」等同於
　「應然」。可是我們若從公意志與眾意志 (will of all)
　的區分，公意志的應然面不在於「實然」爲何，而是
　顧及公共利益、優缺論點間的比較，眾意志似乎才是
　人數的多寡的結果，所以史特勞斯此處似乎有些誤解
　了盧梭的眞正觀點。

⓱WIPP: 54; NRH: 253; TWM: 94。

⓲雖然就時代以及史特勞斯所使用的詞彙而論，史特勞
　斯應和晚近興盛的後現代 (post-modern) 觀點無關。
　但這並不表示，史特勞斯不會在一個「現代」之後的
　情境下，思索問題。筆者認爲「現代性危機」其實正
　是預見了「後現代」否定哲學的問題。G. R. Smith也
　是將史特勞斯放入「後現代」論述中，而他所謂的
　「後現代」，指的是史特勞斯在面對「後尼采」、「後
　海德格」、「後黑格爾」的環境中，提出一個新的主
　張，而不是回到古代 (1994: 191)。另外Drury
　(1988: 170-81) 追溯史特勞斯的觀點，認爲他是屬於
　後尼采的主張；Devigne (1994) 則是將史特勞斯視

為對後現代主義的回應，尤其展現在書名的副標題上
（ *Oakeshott, Strauss, and the Response to Postmodernism.*）。

⑲譬如Drury (1988: 170-81); Rosen (1987)。

⑳譬如Devigne (1994); G.R. Smit (1994); Zuckert (1995)。

㉑現代政治哲學家霍布斯、洛克等人較少談「德性」，
此處的德性觀應是盧梭、孟德斯鳩的主張，有關他們
提到德性的觀點，可參見NRH: 253, 256, 259, 278-
280。

㉒見PPCOT: 219-23, 236; RCPR: 243-5。

第四章
重回古典政治哲學

史特勞斯認爲當前「現代政治哲學」的發展，只有兩條路可以走，「一是完全對政治哲學的否定；一是重新回到古典政治哲學」。他指出一般人受到現代歷史主義的影響，認爲歷史是進步的，往前回溯是開倒車，因此大多忽視、輕蔑古典政治哲學。史特勞斯要我們放下這種偏見和預設，認眞地看待古典政治哲學。他認爲要解決問題，「回到古典政治哲學是一種必要，也是一種試驗或嘗試，並且正因是嘗試，我們必須認眞以赴」，但他也承認：

> 透過對古典政治哲學的重新認識，就希望提供當前社會問題一個明確的解答，這是不合理的。因爲現代政治哲學的成功，已將現代社會轉變成一個古典所不了解的社會，古典的原則已經不能適用於現代。現代的問題，只有從現代才能找出解答。不過，對古典原則的了解，可以是我們對現代社會反省的起點，可以作爲適當應用的規則，而這些都需由我們自己來完成

（CM: 1-11; PPCOT: 229）。

　　在本章中，希望能清楚地掌握住古典政治哲學的精神，以作爲面對現代性危機的一個分析起點，一個新的思考方向。第一節，先扼要勾勒出古典政治哲學的特徵，此處主要是從史特勞斯對於「政治」、「哲學」的個別觀點，替古典政治哲學下一個初步的定義。第二、三節是挑出古典政治哲學中，最重要的兩項標準：古典自然權利與最佳政體，分別加以詳細說明。前者是古典政治哲學從人的自然天性中推導出的「自然秩序」；後者可以說是依前者所建構出的理想政體，是古典政治哲學家作爲解決政治生活中一切爭端的判準。第四節，則是指出古典政治哲學的深層意涵，此處並非否定前兩節的觀點，而是史特勞斯從政治與哲學的「關係」，提出「古典政治哲學」更深一層的含意。第五節是小結，首先對現代與古典政治哲學作扼要的對比整理；其次就史特勞斯對於「現代性危機」的問題以及「重新恢復（古典）

政治哲學」的努力，提出自己的詮釋觀點與看法。

一、何謂古典政治哲學

　　要介紹史特勞斯詮釋的古典政治哲學，最清楚的方式就是介紹他界定的「政治哲學」。這在第二章中，曾提到史特勞斯所使用的「政治哲學」、「古典政治哲學」兩者幾乎是同義，很難區分兩者的差別，是以稱史特勞斯的政治哲學爲（古典）政治哲學。

　　到底史特勞斯對於「政治哲學」下了什麼樣的界定？以下從史特勞斯對於政治、哲學兩方面的看法，切入他所認爲的政治哲學意涵。首先是「政治」，史特勞斯對於「政治」的重要觀點，可以下列四點作說明：

　　1.政治事物的本質是價值判斷，是選擇一

個比較好的主張，政治就是要選邊站，
沒有中立的立場。他認為：「政治事物
在本質上涉及贊成與反對、接受與拒
絕、讚譽與貶抑。對於人類的服從、忠
誠、決定或判斷提出某種要求，而非保
持中立的，就是政治事物的本質」。因此
對他而言，所有的政治行動，不是維繫
現狀就是進行改變，稱為「政治的」行
動就是做出了價值判斷。

2. 政治行為既是一種價值判斷，史特勞斯
認為這就是預設了對於「善」（good）的
追求，因為在改革與守成之間，做出判
斷的標準就是對於「善」的觀點。史特
勞斯並進一步指出政治行為這種對「善」
的意識，具有「意見」（opinion）的特
徵，因為沒有一個人能真正知道他的
「善」是正確的。

3. 政治行為預設對於善的追求，而「善的
社會（good society）就是完整的政治的
善（the complete political good）」。

4.政治的廣泛性（comprehensive）特質。
史特勞斯將政治與戰事、婚姻、烹飪、
放牧等事物相比，他認爲只有政治能發
展出哲學。因爲政治所涵蓋的範圍很
廣，政治所追求的目標——　共同善
（common good）極具爭議，需要哲學的
反思，而不像其它事物目標明確。對史
特勞斯而言，政治並非是侷限於衆多科
目中的一科，他認爲如果我們需面對整
個人生，我們就需要面對政治的廣泛性
（WIPP: 10-2; 16-7）。

其次，再從哲學的角度切入，史特勞斯認
爲政治哲學是哲學的一個分支，分受了哲學的
特性。他認爲哲學是「追求智慧，追求整體
（the whole）的普遍知識」（WIPP: 11）。此處有
三點需加以進一步說明：

第一，「追求」智慧不是「擁有」智慧；
追求「眞理」，不是擁有「眞理」。這是蘇格拉
底對「哲學」極爲關鍵性的界定，而史特勞斯

正是繼承這種觀點。他認為「哲學家最重要的特性就是『他知道自己什麼都不知道』（he knows that he knows nothing）」，而也正因為這種無知之知，尤其是在對於最重要事情上的無知，驅使了哲學家盡全力的追求知識與智慧，雖然這些知識、智慧是永遠無法掌握住的。不過，如塔克夫和潘格對史特勞斯此處觀點的說明：

> 「無知的知識」（knowledge of ignorance）不是無知，而是關於真理和整體晦澀難明性質的知識……。因為，能夠體認到我們所處的是一個隱晦神祕的整體，也就能夠知曉關於人類的處境，乃至這個整體的某些重要線索。在這個意義下（當然也是蘇格拉底的原意），無知的知識可以作為對於人類境況中的持久性要素進行豐碩探討的堅實基礎。此一探討揭露了那些從不間斷地界定並發動人類生活的永恆問題（1991: 229-30）。

　　史特勞斯自己也強調，追求眞理並非是徒
勞無功的事，他認爲能知道自己的「無知」，即
是一種「大知」，是智慧的開端。並且，當我們
在試圖解答問題時，我們會對這問題本身相關
事物的本質進行了解，他認爲這種對於問題的
眞正知識，遠勝於無視問題的本質。簡言之，
對他而言哲學就是對「永恆問題的無止盡追
尋」。

　　第二，追求整體的知識。史特勞斯對於整
體的界定是：整體是全體事物的總和，這包括
對於神、世界以及人類知識的追求，亦即是所
有事物本質的加總，而並非是一個抽象、獨立
的概念。史特勞斯認爲人與人之間的矛盾點正
在於不同的人對個別事物的觀點，其實都預設
了一個整體觀。但整體的眞正本質只有一個，
不同的觀點就會產生矛盾與衝突。因此哲學對
整體的追求，不僅是個別事物的窮盡，也是試
圖對不同整體間的釐清。從這裡也可以說明，
爲何哲學是無止盡的追求，因爲整體的浩瀚與
深邃，難以窮盡，哲學當然是無法徹底掌握與

了解。

　　第三，試圖以「知識」取代「意見」。史特
勞斯認為對於任何關心的事物，我們都一定會
有一些初步的看法和觀念，他稱為「意見」。他
認為哲學是從這些意見中，逐步地引導到「知
識」的追求，而並非憑空就可以獲得。他尤其
推崇蘇格拉底的對話方式，他認為蘇格拉底往
往以「何謂？」（What is?）這樣的詢問作為追
尋的開頭。這種「何謂？」的問題既指向「表
面」，又指向「本質」。他認為我們在回答「何
謂？」時，是從生活經驗、常識的世界中，各
自不同的意見出發，而又試圖朝向一個真正本
質趨近。這即是所謂哲學「辯證法」（Dialectic）
的意涵，「辯證法是交談或友善地爭辯的藝
術」，從矛盾、錯誤、不一致中，逐漸趨向事物
的本質。❶

　　當我們了解了史特勞斯對於政治以及哲學
的看法時，我們就能比較清楚他的「政治哲學」
的用意。政治的廣泛性與哲學關心整體相互呼
應；而政治需要做出判斷，選擇一個較好的主

張，哲學則是能找出事物的本質、知識，提供判斷的標準，而取代意見。因此對史特勞斯而言，政治哲學就是以政治為主題、功能；哲學則是具廣泛性、根本性的處理態度。綜合言之，史特勞斯認為：

> 政治哲學就是基於政治的需要，透過追求政治事物本質的知識，來取代意見，並試圖建構一個最佳的政治秩序，作為良好判斷的標準。

這裡必須注意到史特勞斯對於「本質」（nature）的說明，否則容易造成誤解。「本質」在中文的意涵中，似乎有往內探求、限縮的意思，認為本質早已固定，外在的變化不過是表象而已。譬如，我們會說一個人「江山易改，本性難移」或說他「骨子」裡就是個壞胚子。這裡的「本性」、「骨子」就接近於中文「本質」的意涵。但是史特勞斯此處用的nature，所指的是理型（idea, *eidos*）的概念，他所謂的「本質」或「自然」，是著眼於事物的完善性（perfection）

（NRH: 122-4）。舉例來說，當一個強盜放下屠
刀，立地成佛時，史特勞斯會說「成佛」就是
這強盜的「本質」、「自然」，因為此時最接近
他作為人的完善性，這就是人之為人，這就是
人的自然。

　　除了這種著眼於完善性的自然觀外，另一
個在談論本質時值得注意的地方，就是史特勞
斯對於事物的認定。在中文中，我們會認為一
個人的本質限定了他的作為，這裡的本質可能
指的是遺傳基因、性格、本性、天賦等。但史
特勞斯對於個別事物的成就並非著眼於原先具
備的能力，他是從事物發展的結果，來判斷這
事物的真正本質。筆者找出下列三句話，雖然
三句所談的事物不同，但是思路模式卻是相
同，應是相當可以代表史特勞斯的認知方式：

> 事物的最終型態（the completed thing），無
> 法藉由導致它的過程（process）來預知，
> 而是相反地，我們是由事物的完成或結果
> 來理解過程（NRH: 123）。

行為（act）無法由潛能（potency）決定，
相反地，我們是藉由行為回過頭來理解潛
能（NRH: 145）。

我們是透過工作，而知道自己的能力所
在；不是先預知自己的能力，來限定工作
（SPPP: 147）。

這些話讓我們對於事物的發展，更充滿了
事在人為的精神。我們無須以現有的能力、限
制，認定自己或事物的能力，我們是藉由事物
發展的結果來認知事物原有的本質。換句話
說，在邁向人類的完善性時，我們無須因為環
境、先天能力，就劃地自限，而是一種開創、
努力向前的精神，判定我們的是最終努力的結
果，而非先天的限制。這裡的觀點，可以讓史
特勞斯的本質論主張，增添了人為努力的色
彩，而並非是命定的本質觀。

若我們批評追求政治事物的本質，會導致
「一人一義，十人十義」的爭論不休。史特勞斯
會認為人與人之間的爭辯，正是可以理出彼此

的矛盾、錯誤，進而朝向一個完美目標趨近，
以眞正理解事物的「本質」。這裡也可以彰顯
出，政治哲學做爲一種價值判斷的必要性，因
爲如果不進行價值判斷，就不會朝向政治事物
的完美性，亦即就不可能知道政治事物的「本
質」爲何。

　　再回到史特勞斯對於「政治哲學」的界
定，可以看到這樣四平八穩的定義中，有一個
乍看之下有些矛盾的地方。史特勞斯一方面強
調「追求」，不是「擁有」，那我們如何確定什
麼是知識而非意見？什麼是最佳政治秩序？又
如何引導我們能做出好的政治判斷呢？那麼
「政治哲學」雖然標之甚高，但不過是無用的觀
念而已。難道史特勞斯沒有意識到這種問題
嗎？史特勞斯應該是十分清楚。他說：「我們
不應將事物只停留在辯談階段」，並認爲倘若政
治哲學只侷限在無止盡地對基本政治問題的探
索，就沒有「實際的價值」（practical value），
就無法回答明智行動的終極目標（the ultimate
goal of wise action）爲何的問題。❷

　　史特勞斯一方面強調（古典）政治哲學具有一種「未濟」的性格，是「追求永恆真理的過程」；可是，另方面又宣稱一定要有答案，否則（古典）政治哲學失去實際的價值。這兩個看似相衝突的主張，史特勞斯是將前者「追求」作為「答案」，解決這個問題。他認為：

　　哲學——知道我們對許多重要事物的無知，必然知道最重要事物的一些知識。這句話意思是說，當我們認知到我們對於最重要事物的無知，我們同時也了解到最重要的事物或唯一需要的事，就是對於最重要事物的知識追求，就是哲學。亦即，我們了解到藉由哲學追求，人類靈魂才能形成良好秩序（well-ordered）（WIPP: 121-2）。

　　這裡呼應到前文曾提到的，「無知之知」不是「無知」，而是「知」，知道無知，所以「知道」要對於最重要的事物進一步的探求。這種「過程」，就塑造了人類靈魂的「良好秩

序」，亦即「哲學追求」（philosophizing）為何
會是一種「答案」，不是指哲學是一套知識，而
是因為這提供了一種「生活方式」，一種能導致
人類靈魂處於「良好」、「健康」的狀態，這是
史特勞斯認為人之為人所應達到的目標。

可是這種「哲學追求」的生活方式，與政
治生活、政治秩序又有什麼關係呢？史特勞斯
指出：

> 當了解到我們對最重要事物的無知，我們
> 體認到最重要也最需要的就是──對最重
> 要事物知識的追求，或說就是對智慧的追
> 求。而這樣的結論並不會無益於政治秩序
> 的安排，這是每一個熟知柏拉圖《理想國》
> 和亞里斯多德《政治學》的讀者都知道的
> 事（NRH: 36）。

史特勞斯對於政治生活、政治秩序的觀
點，可以「古典自然權利」、「最佳政體」視為
他從古典政治哲學中所提出的兩項重要主張。
有關「政治事物的本質」，他以「古典自然權利」

作回應；「最佳政治秩序」就以古典政治哲學
中「最佳政體」的主張作爲具體內容。因此史
特勞斯認爲「哲學追求」並不會「無益於政治
秩序的安排」，那麼我們接下來要問的是，「古
典自然權利」和「最佳政體」應如何與「哲學
追求」相容、相互呼應呢？這是在下兩節中試
圖回答的問題。

二、古典自然權利

　　對史特勞斯而言，若「政治哲學」只侷限
在了解基本的政治選擇，是沒有實際價值的。
他明白地指出，古典自然權利就是對古典政治
哲學追尋問題的「最終解答」（solved in a final
manner）（NRH: 36-7）。而「古典自然權利的學
說，若依原來形式充分發展，就等同於最佳政
體的學說」（NRH: 144）。因此，若我們將古典
政治哲學狹義來看，所指的是一種追求的過

程，那麼古典自然權利、最佳政體，似乎正是本書尋求「什麼是對，什麼是錯；什麼是好，什麼是壞」的一種標準。

在進行討論前，想請讀者暫時將「現代自然權利」：個人的「權利即諸自由」❸的觀念暫時擺在一旁。此處史特勞斯所指稱的古典自然權利，簡單的說，是一種自然秩序，這包括個人靈魂的內在自然秩序，也包括了社會制度安排的自然秩序，而非指個人不可侵犯的權利。

進入正題，史特勞斯認為這一世代的問題，就是不再相信自然權利，不再將自然權利視為不證自明的權利。這其中的原因，除了在前文中談到事實與價值分離的問題（認為一切價值性的規範，譬如自然權利，不能經科學驗證，所以不會是客觀的真知）以及歷史主義（認為一切規範會隨時空而改變，所以沒有放諸四海皆準的自然權利）的影響外。史特勞斯認為十七世紀以來的「現代自然權利」（霍布斯、洛克、盧梭等人提出）出現了問題，在第三章

中也約略介紹過其中觀念的演變與發展。扼要
地說，史特勞斯認爲現代自然權利論者主張人
人自由、平等，因而發展出重視個體性
（individuality）、多樣性（diversity）的觀念。
可是當個人的個體性、多樣性被視爲不可侵犯
的「自然權利」時，此時維繫社群生活的，就
只有靠相對主義、多元主義的概念，才能彼此
「寬容」（tolerate）各自的主張。可是倘若此時
有些人開始宣稱、堅持一些絕對的主張，「不
寬容」（intolerate）其他人的觀點，亦即個體性
與寬容開始產生衝突。史特勞斯認爲現代放棄
了後者的堅持，而選擇了前者。換句話說，史
特勞斯認爲現代自然權利重視「個體性」，認爲
每個人所追求的價值皆應平等視之（包括不寬
容的觀點），因此「寬容」與「不寬容」是兩個
在同一層次的概念，都是「個體」提出的主
張。但人總是要做出抉擇，此時抉擇的標準不
是目標之間的好壞、高低（因爲是齊一的），而
是對於「目標的堅持」，亦即對於目標執著的程
度。愈被人們執著的目標，愈被視爲值得選擇

的對象。如此一來，被選擇的總是最執著、最激烈的目標，於是「寬容成為不寬容的溫床」（NRH: 5-6）。

現代自然權利講求自由、平等，卻放任和孕育出破壞自由、平等的主張。因此，史特勞斯認為現代自然權利蘊涵了對本身觀點的否定，而這種否定，也替二十世紀帶來法西斯主義、共產主義極權專政的人間慘劇。

是以，史特勞斯希望能重新找出自然權利，他此處所指的特別是指「古典自然權利」的概念。他認為「否定自然權利，不僅是導致虛無主義，其實本身就是虛無主義」。他也認為沒有一個時代、一個社會不需要自然權利的概念，自然權利是一種普遍共存的觀念。史特勞斯舉出每個社會中的人都會有「不正義法」（unjust laws）的觀念，而不會將實證法視為唯一正義的根源，而「這種未經反思的普遍同意，不正指出『自然』的作用」，意即人類對一種超越於現存人為建構的共同需求與體認，就是說明自然權利存在的普遍性（NRH: 2-5, 100-

1）。

　　現代自然權利出現問題，因此史特勞斯將
希望寄託在古典自然權利之上，這種學說主要
是指蘇格拉底、柏拉圖、亞里斯多德、斯多葛
學派（The Stoics）、基督教派思想家，特別是
指阿奎納（Thomas Aquinas）等人的觀點
（NRH:120）。史特勞斯從中區分出三種古典自
然權利的主張，或說是對「古典自然權利的三
種不同的態度」，可分為蘇格拉底－柏拉圖－斯
多葛學派（Socratic-Platonic-Stoic natural right
teaching）、亞里斯多德學派（Aristotelian）、湯
瑪斯學派（Thomistic）等（NRH: 146-64）。

　　但此處不就個別學說一一介紹，而將這些
學說視為一個整體，從其整體特徵來做說明。
因為史特勞斯認為古典政治哲學基本上具有一
定的共識，皆認為政治生活的目標是德性，而
最能達此目標是透過最佳政體實現。它不像現
代政治哲學般的分歧，只能從負面的界定——
共同對古典政治哲學的否定，才能找出一致
性。❹

　　以下，從古典自然權利的三項特徵，逐步
說明古典自然權利的認知方式、性質及其證
成：

（一）自然的理解（natural understanding）

　　「自然的理解」是對比於「科學的理解」，
在第二章討論「事實與價值分離」的問題時，
曾扼要的界定過。史特勞斯認為古典政治哲學
處在一切政治傳統動搖、哲學傳統尚未建立之
時，所以能以無比直接、鮮活的態度直接面對
政治生活，這種研究立場他稱為「自然的理解」
或「前科學的理解」。有別於此的，就是「現代
政治哲學」所採用的「科學的理解」，他認為現
代政治哲學雖然號稱與古典政治哲學決裂，但
是其所採用的詞彙、觀念，大都仍承繼傳統。
換句話說，現代政治哲學是透過「傳統的面紗」
來認識政治事物，是透過一些已經成為「抽
象」、「科學」的語言來理解政治生活，這些都
使得現代政治哲學處於不利的地位。

　　舉個例子來說，倘若一位政治科學家要培

訓問卷訪員，他會對問卷中的術語、名詞做說
明，可是他卻不用教訪員必須向「人」提問，
而不是向小狗、植物、牆壁等提問。史特勞斯
認為這種對「人」的認識，就是前科學的知
識，不需經科學的驗證。他進一步指出，前科
學的知識是第一手知識，「科學的知識只是第
二手或衍申而來的」。亦即科學的知識是奠基、
依賴在「前科學知識」之上，因此後者具優先
性（superiority）。探究這種直接知識的「古典
政治哲學」就高於探究二手知識的「現代政治
哲學」。並且史特勞斯指出「古典政治哲學的基
本問題和所使用的詞彙，並非是哲學、科學的
專門術語，他們所關心的問題是在集會中、議
會裡、俱樂部、內閣中所會提出的；所使用的
詞彙，是一般成年人日常生活中所使用的」。❺

　　因此，古典自然權利是古典政治哲學透過
「自然的理解」所尋求到的答案。在接下來對古
典自然權利的說明或辯護時，就是從日常生活
的常識著眼，而並非從科學性、抽象的理論作
爭辯。

（二）「自然」與「約定成俗」（convention）之別

　　前面曾提到，古典自然權利似乎是本文所欲尋求的可能答案，提供對錯、好壞的判斷標準。可是，為什麼「古典政治哲學」以「古典自然」或「古典自然權利」作為唯一終極的標準呢？

　　此處就需對於古典區分「自然」與「約定成俗」的概念作說明。史特勞斯指出，在「哲學」傳統尚未建立之時，社會仍處在「前哲學的政治生活」。此時，與「自然」相對應的語彙是「習俗」（custom）、「生活方式」（way）。每一個政治社會或部落都以自身傳統的規範，視為好的、正確的社會秩序。他們往往認為他們現今的習俗、法律是來自「神」或由神的子女所制訂，所以這些是神聖的。可是當兩個或多個社會的習俗、法律相衝突時，譬如有的社會嚴禁殺生，有的社會有活人陪葬的習俗；又有的社會禁吃豬肉，有的禁吃牛肉等。這些衝突並非如度量衡、錢幣雖然不同但仍可以轉換，

而是具有不可化約的衝突。每一個社會都會宣
稱自身的法律習俗是最好的，換句話說，政治
社會中的權威（authority）都對何者為正義、
何者為對的政治秩序，提出他們的解釋。

　　而哲學家的出現，就是在努力探求「事物
的所有原則」（all principles of things）、「第一
因」（the first things）。希望在分歧或受到質疑
的「約定成俗」──無論是習俗、法律、生活
方式，試圖找出事物的本質，亦即事物的「自
然」面貌，以避免受到人為的扭曲。因此，
「哲學」，或說「自然」觀念的出現，就正是
「預設了對權威的質疑」。另方面，也可以注意
到「自然」與「約定成俗」的高低差別，前者
被視為事物的真正面貌；後者則只是人為建
構，在位階上遠低於前者。

　　史特勞斯進一步指出，對哲學家而言，追
求「第一因」，不僅預設了尋求事物的本來開
端，而且從存有的層級體系而言，因為事物不
會無中生有，「第一因」預設了永恆，而永恆
的存有，其真實性以及知識層級高過「會毀滅

的」事物（perishable）、高過虛無。因此，哲
學家所追尋的「第一因」或稱「自然」，是會比
任何的傳統、任何的人為建構，要來的真實與
具權威性。「自然就成為所有祖先的祖先，所
有母親的母親，自然比任何傳統還要久遠」。換
句話說，「自然就是權威」。可是，倘若將自然
視為權威，史特勞斯認為容易模糊了焦點，容
易將自然視為一種教條式的意識型態，而一旦
哲學或政治哲學成為意識型態，就將失去其特
質。史特勞斯認為此處特別需重視人類的特質
——理性，他認為人類是憑藉理性從事哲學活
動，進而發覺自然，以自然作為破除約定成俗
權威的準則（NRH: 81-92）。

　　換言之，史特勞斯此處所講的自然，著重
點並非在於特定的教條，而是人類的理性。因
此，依史特勞斯的觀點，「自然」與「約定成
俗」之別，除了位階上的高低外，我們可以說
前者的立論來自於人類的「理性」；後者則只
是來自於「權力」。而理性將是檢視、質疑所有
權力的力量，進而尋得合乎理性的「自然權

利」。

　　但是，早在古希臘時期赫拉克利特（Heraclitus）即曾說：「依神的觀點，所有的事物是高貴、善和正義的，是人自己作的區分」（NRH: 93）。因此，他認為正義、非正義只是人為的設定，根本沒有所謂的「自然權利」。

　　古希臘時期的「約定成俗學派」（conventionalism），進一步指出各個城邦對於正義的定義不同，如何說明有普遍性自然權利的存在；城邦需依靠強制力組成以及城邦中的法律、成員、語言等都是人為制訂，根本不可能有「自然」的城邦。因此，他們認為所有政治秩序皆是「約定成俗」的，沒有所謂自然秩序、自然權利的存在（NRH: 97-110）。要如何證成自然權利的存在，以及這種古典自然權利的實際內涵為何呢？這就牽涉到古典政治哲學認知的人性觀點，這在下一點中作說明。

（三）人性（human nature）與古典自然權利

　　史特勞斯對於古典自然權利的論證基礎，

可以概分為兩個方面，其一是從人的內在結構；其二是人的社會性。此兩者立論的基礎皆是依據人的自然天性，所建構出的秩序、權利，可以說是「根據自然」的自然權利。以下分別說明之：

1.人的自然結構（man's natural constitution）

當「約定成俗學派」認為一切權利皆由人所制訂，而人為規範中，他們將快樂視為善的標準，快樂即善；痛苦即惡。但依古典政治哲學的觀點，快樂並非是評斷善惡的最根本基礎。古典政治哲學指出快樂普遍來說是由於需求（wants）的滿足，因此「欲求」才是最根本的基礎。從快樂的角度來看，快樂與快樂之間似乎只有量的差別；但從「欲求」的角度看，人類欲求的滿足和驢子欲求的滿足，史特勞斯認為兩者就具有質的差別。

因此，他認為欲求和欲求之間並非是平等的，而是有等級的不同。這不僅在人與動物之別，就是在人本身也有高低不同的欲求。換句話說，欲求是有「階層性的」（hierarchy）。他

認為當一個生物以高的欲求，控制低的欲求就是「有秩序」，就稱為「自然」。譬如，一個人以理性控制他貪婪的欲望，史特勞斯會認為這種人是有秩序的。

因此，對於人類而言，什麼是好的、什麼是自然的，就需先探究人的欲求層級，亦即人的「自然結構」是什麼，「古典所認知的自然權利的基礎，正是由人類自然結構的階層秩序所提供」。史特勞斯認為在某些方面，每個人都會不得不承認靈魂高於肉體；理性高於欲望。而人的靈魂與其他動植物靈魂的區別，又在於「言說」（speech）、「理性」（reason）、「理解」（understanding）等特質。史特勞斯認為當一個生物或人類發揮他的特質，依秩序做好適當工作，亦即高的欲求控制低的欲求，我們會稱為它是好的，或說是「根據自然的」。因此史特勞斯認為「人的恰當工作，是沈思地生活（living thoughtfully），是理解（understanding），是深思後的行動（thoughtful action）」（NRH:126-7; TWM: 85-6）。

　　相對應這種人類自然結構、欲望層級的觀
點，史特勞斯認為古典政治哲學所提出的古典
自然權利的內涵，就是「德目的層級」
（hierarchy of ends）規範。認為一切事物的判
斷、評價，就端賴於所屬德目的高低。舉例來
說，亞里斯多德將社會中德目的排列，由低到
高依次為：勇氣（courage）、節制
（moderation）、慷慨（liberality）、寬宏
（magnanimity）、正義（justice）以及最高到智
識（dianoetic）的德目。對於政治社會中的紛
爭，原則上的評判方式就是看其屬於哪一種德
目，高的德目優先於低的德目。史特勞斯似乎
頗為重視這種「德目層級」的概念，他認為古
典自然權利所提供的答案，並非是一條或數條
具普遍性的原則或法律。他認為這是找不到
的，而「唯一普遍有效的標準是德目的層級」，
這是古典自然權利從人性本質推導出的普世皆
準的真理，並認為這可以脫離沒有一定標準的
相對主義；也可以避免落入單一原則的絕對主
義。❻這是一個很有趣的觀點，值得仔細討

論，在第六章第三節會作相關的比較與評估。

　　回到史特勞斯對於人性的觀點，我們可以
看到史特勞斯與孟子相類似，重視人與禽獸之
別，重視「幾希」的部分。認為人類既然為
人，不稱為禽獸，就應努力發展「幾希」處。
以孟子的話是「人之四端，仁義理智」，而對史
特勞斯而言，簡單地說就是「理性言說」。前面
曾提到，若我們把自然視為一種「權威」，這會
模糊了「自然」的訴求，而容易僵化為一種意
識型態，供當權者行一己之私。他認為哲學重
視的是追求自然的「理性」，這種力量才是真正
人之為人的區別。他下結論說：好的生活就是
根據人類依理性，符合自然秩序的生活；這種
生活來自於有秩序或健康的靈魂，朝向最高的
可能（highest possible degree）；好的生活就是
人類自然天性的完滿，這就是根據自然的生活
（NRH: 127）。

　　我們可以注意到，此處古典自然權利所理
解的自然，十分特別，與我們一般中文理解的
自然：事物本然或大自然，有很大的不同。這

在本章第一節討論政治事物本質（nature）時，
也作了說明。綜合來說，古典自然權利的「自
然」，是具有目的性、可完善性的意涵。因此，
對於人性特質的證成，並不在於先指出人的本
質是什麼，而是由人類優秀的表現，反推回去
人性的本質具備了哪些特質，而類推回全人類
的天性。這在中國的話來說，就是提出「人人
皆可為堯舜」、「塗之人皆可為禹」，而「堯
舜」、「禹」才是人類的自然，證明的方式是由
「古今無數道德實踐的實例已足夠證明人是天地
間唯一具有價值自覺能力的動物了」（余英時，
1991: 54）。當人做到價值自覺，才是人之為
人，才是符合人性，這才自然。因此，此處的
自然是著眼於「可完善性」，認為只有達到或接
近這種終極的目標才是「自然」。

2.人天生是群性的

　　古典政治哲學不僅從人的內在自然結構出
發，並注意到「人性本身就是社會性」
（Humanity itself is sociality.）的事實。古典政治
哲學認為人與禽獸之別在於理性和言說，而言

說就是一種溝通。人要充分發展這種特質，就必須與他人共同生活，成為群居性的生物，是以「人天生是社會的存有者」（Man is by nature a social being.）。因此，能幫助人類天性趨近完美的社會德性，就成為一種必須，是自然的。這些社會德性包括愛情、友誼、情感、虔敬，當然也包括社會德性之首——正義。因此，古典政治哲學得出的結論是，正義以及依正義安排的政治秩序、權利皆可以是自然的，這些都來自於人類天性的要求。換個角度來說，如果一個社會生活缺乏正義，其中的政治秩序只是因應人為私利的建構，那麼生活在這種社會中的人，就無法充分發展他的自然天性，容易向邪惡靠近。因此

> 為了達到人類最高的發展，他必須生活在最佳的社會當中，而這種最佳的社會就是最能導致人類完美性（human excellence）的社會（NRH: 129-35）。

至於「約定成俗學派」所提出關於公民社

會中，譬如成員的界定、強制力、語言等皆為
人為的制訂，而不可能有所謂的自然權利。古
典政治哲學的回答是，這些都與人類處於社群
生活中的「自然的有限力量」有關。因為人與
人之間的德性培養，譬如正義、友誼、情感
等，這些在政治生活中是無法跟完全不熟悉的
人相處，如果不甚了解，至少也要能彼此視為
同一類的人（譬如，需同文同種）。否則，沒有
熟悉感就無法互相信賴，無法互相信賴就無法
產生責任感與監督，沒有責任感就無法對政治
決策進行良好的判斷；無法監督，就失去了社
會對於成員圓滿的責任。因此，一個社群對他
成員的身分的限制並非一定是「約定俗成」，而
是基於人類自然能力，因此是自然的。至於強
制力的部分，史特勞斯的解釋是，我們會以高
的欲望「壓制」下較低的欲望，這是人性的自
然。因此政治社會中，高尚的行為壓制低俗的
事物，這種強制力的表現，來自於人類的天
性，因此具有「強制力」並非表示不自然的。
古典政治哲學並注意到，人類依其自然，共營

群居生活，對於整個社群以及團體，亦都注意如何共同維繫，而不會完全恣意所爲。這即是一種「人類自然的意識」（man's natural conscious）。換句話說，古典政治哲學認爲自由與節制都同爲自然，無論在任何群體，都不會有人能任意作爲，這即是法律規範的自然來源（NRH: 129-132）。

因此，古典政治哲學認爲當一個社會爲了人類自然天性的發展，而做適當的成員界定、強制力、法律安排等，這些都合乎自然的。換句話說，有所謂自然秩序、自然權利的存在（NRH: 129-35）。❼

由上，可以知道古典政治哲學認爲人類天性的充分發展必須要靠一個良好的社會，一個合乎自然秩序、自然權利的社會。古典政治哲學稱這種社會爲「最佳政體」，這是下一節中，要詳細討論的重點。

在本節結束之前，希望回應到第一節中所提出的「追求」與「答案」是否矛盾的問題，亦即史特勞斯一方面強調古典政治哲學是一種

「永恆的追求」；另方面又認為古典政治哲學必
須提出答案，否則沒有實際意義。

　　此處的解決方案應在於古典政治哲學的答
案與「永恆追求真理」是相容的，就可以解決
這裡的矛盾。在本節中可以知道古典自然權利
正是古典政治哲學所提出的最終答案，這個答
案，如前所述，不是著重在一個定型的意識型
態，而是強調人類的理性能力，這是一種動態
過程，不僵化於任何主張之上。那麼，「理性」
又是什麼？理性是人類認知自然、第一因、事
物所有原則的能力，因此「理性」是指人類追
求真理的永恆過程，一旦停留在某一點上，都
可能會模糊了真理。所以，史特勞斯對於「政
治哲學」的定義，雖然表面看似矛盾，但是其
實「追求過程」與「答案」是相容的。而這種
人類理性，「追求真理的過程」，正是史特勞斯
政治哲學的核心。此處說明了「追求真理」如
何轉化為「古典自然權利」，在下文中將說明
「追求真理」如何落實在「最佳政體」當中。

三、最佳政體

　　史特勞斯指出，古典與現代政治哲學最明顯的差異，在於古典是以追求「最佳政體」（best regime）作為引領的標竿；現代政治哲學則放棄了這種追尋（WIPP: 34, 79）。在上一節中，依古典自然權利的觀點，認為人類自然天性的發展，必須靠社會生活的輔助，而這種社會生活，又必須是在「最佳的社會生活」當中，否則社會生活反而戕害了人性。此處的「最佳社會生活」史特勞斯將其等同於「最佳政體」。因此，本節將焦點放在「最佳政體」上面，什麼是「最佳政體」的意涵？「最佳政體」的達成需要哪些條件的配合？最佳政體的特徵是什麼？以下希望能作詳細的介紹，因為這不僅是作為古典自然權利的具體落實，也是本書關懷焦點的「政治面向」，從上一節人性的理

解，到這一節要從政治生活中，建構出相對應
的理想政治秩序。

　　要了解最佳政體的意涵，首先對「政體」
（politeia, regime）作介紹。史特勞斯認爲古典
政治哲學注意到「政體」是比「政府體制」、
「法律」甚至「憲法」都還要根本的一種基礎。
雖然一般將「政體」解讀爲憲政體制
（constitution），史特勞斯指出「政體」所指的
更偏向爲一種「社會的生活方式」（the way of
life of a society）。這種「社會生活方式」是指
一個社會的整體生活態度，包括了「生活樣
態、道德品味、社會形式、國家形式、政府形
式、法律精神」等。他進一步指出，這種「社
會生活方式」的關鍵點在於成員追尋的目標，
因爲所追尋的目標不同，就會出現不同的政
體，譬如寡頭政體追求金錢、民主政體追求自
由、烈士政體追求榮譽……。社會成員爲了有
效達成他們的目標，就組成了政府，並將最接
近目標或最容易達到目標的一種人，視爲值得
尊敬的人，是理應掌權的「權威人物」，亦即

「一個社會的特徵或風格，端視於這社會所最崇拜、尊敬的對象」。

　　舉例來說，在寡頭政體中，「有錢人」受到肯定，人民都將他們視為仿效的對象，認為他們是值得尊敬的人，他們理應作為統治者。因為目標決定了人們判斷的標準，決定了人與人之間高低之別、政治權力的差異。而就實際政治生活而言，「政體」是社會上政治勢力角逐的結果，如「好人、有錢人、貴族、大眾、窮人」等各種類型（types）或集團（groups）的衝突、競爭，而決定了政體追求的目標，以及依此目標所帶來的規範與標準。❽以今天的話來說，就是社會上各方政治勢力，決定了憲法的制訂與修正，得勢的一方，就成為政權的擁有者、標準的制訂者。

　　因此，從史特勞斯對於「政體」的介紹，我們可以注意到「最佳政體」的重要性，可從兩方面說明：首先，我們知道社會目標決定了社會整體的標準，也將決定了大部分人發展的方向。因此，我們必須注意社會對人的影響，

換句話說，「最佳政體」的追求，就成為一件
很重要的事。其次，從實際政治生活來看，
「政治生活的特徵即是衝突，這是由於人們作不
同的主張所造成的。」史特勞斯還特別強調不
同「類型」人之間的衝突是政治生活的根本現
象。這些不同類型的人，形成一個一個集團，
而這些

　　集團間的實際衝突是為了爭奪社群中的政
　　治權力，自然引出誰應統治的問題，或什
　　麼樣的妥協是最好的解決方式，亦即什麼
　　樣的秩序是最佳政治秩序。

　　史特勞斯認為一切政治爭端，推到最後在
於「誰來統治？」的問題，因為統治者決定了
社會中一切規範與標準。換句話說，「最佳政
體」的重要內涵，其實就是決定由那一類型的
人作統治者最為恰當。史特勞斯並認為，因為
古典政治哲學家是扮演消弭社會內部紛爭，尋
求獲得共識的最佳公正裁判，「政治哲學家是
立法者的老師」。所以政治哲學家必須提出一個

公正的標準，亦即提出「誰來統治？」的正當
性，作為「最佳政體」的主張，解決一切政治
的爭端（WIPP: 80-9）。

　　而史特勞斯認為政治哲學家和「社會」皆
會同意以「好人」（good man），作為統治者。
此處的好人，具體來說，譬如「勇敢和有技巧
的將軍；清廉和公正的法官；聰明和無私的行
政官」，好人是哪些「願意」並且「能夠」以公
共利益取代私人利益，和追求高貴事物的人。
但是問題在於，實際政治生活中，似乎「正義」
（just）和「效用」（useful）並非相等，許多人
格有問題的人，許多以不正當手段的人，結果
卻能達到一些普遍被視為「可欲的」結果，而
這種情況，古典政治哲學認為將會導致德性的
衰敗。這可使人聯想到柏拉圖《理想國》，在第
二卷討論正義的時候，有一個很重要的問題，
就是「假如我縱然不正義，卻得到正義的名
聲，我就不啻得到享盡天福的承諾了」
（*Republic*, 365b）。蘇格拉底為了反駁這樣的主
張，釐出正義、非正義的本質，於是開啟整個

理想國的建構。

　　史特勞斯指出政治生活上的爭議，雖然一般皆以「好人」統治作為解決紛爭的手段，但是因為「好人」乃是具備德性的人，而「德性」的意涵模糊，於是政治哲學家為了要解決這種爭議，就必須提出「何謂德性？」（What is virtue?）這樣的問題。史特勞斯指出，在政治生活中，一般人根本不會提此問題，政治哲學家是為了解決現存的爭議，才提出這樣的問題，但這也帶出了古典政治哲學的深層意涵，這是下一節中要詳加介紹的（WIPP: 90-1）。

　　此處先把焦點放到「最佳政體」的具體內涵上面，史特勞斯指出古典政治哲學的一個基本的共識，就是認為「政治生活的目標是德性，而最能達到德性的體制是貴族共和（aristoric republic），或退而言之是混合政體（mixed regime）」。古典政治哲學稱前者為「最佳政體」（simply best regime），由最好的人們作經常性的統治，就是貴族政體（aristocracy）；後者為「實際最佳政體」

（practically best regime），由仕紳（gentlemen）
（下文會介紹）依據法律統治的混合政體。❾

　　相較於民主政體，史特勞斯指出民主所追
求的目標是「自由」（freedom），「雖然所有類
型的人可以在其中充分發揮，這其中當然也包
括最具稟賦的人」。但是自由可以導向德性也可
以導向邪惡，一味的追求自由，並不表示一定
能夠往人的自然天性發展，反而容易奠下毀滅
的根基（WIPP: 36）。這在柏拉圖《理想國》第
八卷中，在談民主政體及其成員時，有很生
動、貼切的描述。蘇格拉底認為「不顧一切，
過份追求自由的結果，破壞了民主社會的基
礎，導致了極權政治的需要」（*Republic*,
562c）。因此，古典政治哲學從人類自然結構及
人的社會性出發，知道人的理性欲求是高於肉
體的欲求；人的理性發展是需要社會德性的配
合，因此要讓人類天性朝向可完善性，就必須
在政體中將「德性」視為追求的目標。亦即對
「高貴」（noble）事物的關注，取代只是基本需
求的滿足；對於「高貴」行為的重視，高於一

般例行的活動。此處「德性」即是「高貴」、
「善」的意涵，而史特勞斯進一步認爲「好」
（good）或說「善」，就算不是智慧，至少也必
須依賴于智慧。並且「對古典而言，依自然最
具統治資格的就是智慧」，因此他認爲最佳政體
就是由智者統治。

　　這種由少數智者統治的最佳政體，就稱爲
「貴族政體」。智者統治「不智者」是合乎自然
的，並且智者統治將會是一種絕對的統治，因
爲智者無需對不智者負責，就好比一個智慧的
判斷不應受到無知的影響，這是自然的。「就
如同只有醫生眞正知道，對每個個別身體而言
什麼是好的；只有智者眞正知道，對每個靈魂
而言什麼是好的」。這種最佳政體有下列幾項特
色：

　　第一，史特勞斯指出最佳政體是「所有好
人」（all good man）、「所有仕紳」（all
gentleman）所祈禱、盼望的。換句話說，這裡
預設的是只有好人、仕紳才會接受最佳政體的
主張。這與史特勞斯認爲古典政治哲學的「政

治教導」（political teaching）的對象，是所有知
識份子（all intelligent men）、所有正直的人
（all decent men）是相一貫的。

第二，最佳政體不僅是最好的、可欲的，
而且還是依自然可能（possible）的，只不過需
要環境、人事的配合，亦即需仰賴「機運」，是
不可強求的。或更現實地說，是實際上不可能
發生的（improbable）。雖然在理論上，最佳政
體是根基於人性的可完善性，但史特勞斯也知
道「人類的本性在許多方面都具有奴性，因此
如果某一個人能達到最高的善，將不啻是一個
奇蹟」。而且最佳政體的出現不僅是人的問題，
而且還需要外在條件的配合，包括如柏拉圖強
調的哲學與政治權力的合一；亞里斯多德則是
認為需要好的質料（matter），這包括數量恰當
與品質優秀的人民、領土等。因此，史特勞斯
認為最佳政體因其完美性，與現實生活的差距
甚大，所以就只能建構在言談（speech）之
中。

第三，史特勞斯認為最佳政體只有一個，

而且是普世皆準的。對於現存的政體而言，有
許多「合法」的政治秩序，而眞正「高貴」的
政體只有一個。但這並非說對每個政體而言，
最佳政體皆是最適合生存的主張，而是端視各
政體實際的情況。這就好比說，「人參」有益
健康，但並非每個人皆能食用，身體太虛的人
吃了反而會致命。所以基本上，最佳政體並非
是「適合」每一個實際政體。不過，史特勞斯
仍認爲最佳政體是所有政體的眞正典範與標
準，可供作修正與改進的方向。❿

　　以上，是對於最佳政體的介紹。但古典政
治哲學並非不食人間煙火，他們深知實際情況
是，少數的智者無法以武力統治多數的「不智
者」，不智者正缺乏一定的「智慧」，所以不容
易接受「智者」的說服。因此，事實上最有可
能發生的事，反而是「暴君」、「不智者」，以
智慧的自然權利爲幌子，然後又試圖迎合大多
數人的欲望，進行一己私欲的統治。因此，古
典政治哲學不得不承認，「獨裁者遠較智者統
治來得有可能」（NRH: 140-1）。

　　古典政治哲學退而求其次，認為「智慧」
（wisdom）與「同意」（consent）必須互相配
合，智者制訂出好的法律，人民經同意後接受
並且服從。而人民之所以會同意，在「實際最
佳政體」中，是靠「仕紳」進行說服的工作。
智者或哲學家不願意進行說服的工作，是因為
對他們而言，追求眞理是遠比說服人民來得重
要與快樂。而古典政治哲學對所界定的「仕
紳」，是指具有一定財富、空閒時間，並對哲學
追求有興趣的人，而不同於哲學家的是，他們
關心「榮耀」（honor）更甚於眞理，「他們視
特定的問題已經獲致解答，而不像哲學家是對
於永恆問題的無止盡地探索」。

　　因此，在「實際最佳政體」中，智者是作
為立法者的角色，將智慧鎔鑄成法律，仕紳依
這些法律進行說服和統治的工作，人民則是以
民意檢驗仕紳的統治，但另方面也必須服從法
律。是以，這種最佳政體即是古典政治哲學所
提出「混合政體」的觀點（NRH: 141-2; LAM:
13-4）。

　　至此，平鋪直敘地將「最佳政體」內容扼
要的介紹，但若我們回到從上一節「古典自然
權利」的脈絡。我們可以注意到最佳政體的出
現，原是爲了配合人性的完美發展，但是現在
體認到「最佳政體」只能存在於言談之中。而
且就算在實際最佳政體，「承認不智者『同意』
的需要性，將導致允許不智的權利，亦即不理
性（irrational）的權利」進入政治生活。因此
實際政治生活中，是無法落實從古典自然權利
到「最佳政體」的建構，實現人類自然天性的
完善，史特勞斯指出這是「政治生活的侷限性」
（the limits of political life）（NRH: 144-5, 151）。

　　另外，上文曾提到，哲學家爲了解決社會
中的紛爭，釐清眞正德性的意涵，而提出「何
謂德性？」的問題。哲學家透過哲學辯證法的
方式，一一檢視社會中現有的德性觀念，從不
同的觀點中，找出彼此矛盾、衝突的地方，然
後釐出一個有別於社會普遍認定的德性觀。史
特勞斯認爲此時哲學家將會體認到這種德性不
僅超出於一般的「意見」，會被現實社會的人視

爲荒謬、不可信；他並認爲哲學家在追求這問
題時，更體認到「沈思」的德性與快樂，是遠
超於政治生活之上，這是政治所不能及的眞正
快樂（WIPP: 90-1）。而這種由社會紛爭，轉到
提出「何謂德性？」，到體認政治的侷限，正是
「古典政治哲學」的探索。因此，史特勞斯對於
古典政治哲學的詮釋，不僅是爲了追求好的社
會，而探求「政治事物的本質」、「最佳秩序爲
何」的問題，而是更進一步提出從古典政治哲
學中，轉折出政治的侷限，另外開啓一層更深
的意涵，這是在下節中所要說明的。

四、古典政治哲學的深層意涵

　　史特勞斯對於古典政治哲學的詮釋，似乎
要傳達兩個重要的深層意涵，其一是政治的侷
限性，他認爲哲學生活才是人類幸福快樂所
在；另一則是哲學受限於政治的侷限，所以政

治會迫害哲學的發展。首先，就政治的侷限性作說明。在上兩節中，從自然權利介紹到最佳政體，並指出史特勞斯認為最佳政體只能在言談之中，實際的政治體制並無法配合人類自然天性的發展，這即是政治生活的侷限。換句話說，史特勞斯認為原本政治生活的目的，是追求德性、追求人性的完美，但因實際政治生活的侷限，會發現這些必須以超政治（trans-political）的方式來追求，史特勞斯認為就是「哲學的生活」（NRH: 145-51）。

同樣的觀點，我們還可以從史特勞斯對於亞里斯多德《政治學》和柏拉圖《理想國》的詮釋中讀到。史特勞斯認為《政治學》整本書所關懷的主題是最佳政體，而在最佳政體中，個人以及城邦所追求的最高目標——幸福（happiness）是一致的。亞里斯多德並認為個人與城邦是透過沈思（contemplation）達到這最高的目標。史特勞斯指出個人可以進行沈思的活動，但是城邦只能以類比的方式「沈思」，因為城邦不是人，就是無法進行沈思的活動。因

此，史特勞斯指出這是亞里斯多德在論述時，故意留下的伏筆，這是要告訴人們，心靈生活與政治生活的差異，彰顯出政治的侷限。人是遠超過城邦中公民的身分，人要趨向完美，不是政治生活所能提供。現實生活中沒有一個完全正義的城邦，但是卻可以有完全正義的人（史特勞斯舉柏拉圖、亞里斯多德為例），這即是一個政治侷限性的很好證明（PPCOT: 242; CM: 49）。

在柏拉圖《理想國》中，史特勞斯認為這本書所傳達的，並非是理想國的實際建構，相反地，是彰顯出理想政治秩序的不可能、政治生活的侷限。史特勞斯認為蘇格拉底所提出的「三個波浪」，一波一波朝向理想國的實現，但也越趨荒謬，違反自然、違反人性。其理由有三：(1)理想國將人性中的惡除去，成為一個只有善的世界，史特勞斯認為這是違反自然的，「因為它使得『邪惡終止』（cessation of evils），而這世界總是有與『善』相對的事物」；(2)透過言詞就想改變人性的私欲，這是違反自然

的；(3)男女平等和絕對的共產主義是違反自然的，這會使人失去家庭。前三點，簡言之就是史特勞斯一再強調《理想國》一書的一大特點：「有意忽略愛欲（eros）」，摒棄了人性中的愛欲，這是違反自然的，使得人不再爲人，理想國就不是人的城邦了，這即是政治的侷限。⓫

此處希望特別指出史特勞斯從古典政治哲學，提出對於人類處境的預設，他認爲「邪惡不止」（evil cannot be eradicated），「只要有人，就將會有惡意（malice）、嫉妒（envy）、仇恨（hatred）」。⓬這一個觀點可以在他的文本中許多地方看到，這裡可能是宗教立場的觀點，關於「善一元論」或「善惡二元論」等基本預設。但此處我們也可以直接從實際政治生活來看，亦即，他認爲我們不要對於政治生活期許太高，不要以爲透過任何制度、任何政策，就可以將邪惡、不好的事物完全改正，達到理想的境界。史特勞斯只承認最佳政體在「言談」之中，但是實際落實既是依賴「機

運」，更直接的說其實是不可能發生。任何人以正義之名，想將邪惡根本去除，這是沒有認清政治生活的本質，而且可能會帶來更邪惡的災難，這是人類生活經驗中屢屢發生的事。相應於政治生活中的「邪惡不止」，史特勞斯因應的方式，就是提出「中庸」（moderation）之道。⓭

　　他認為現實的政治統治，並不能完全依照哲學家的智慧，而必須落實於具體情境中，依靠政治家的「實踐智慧」（prudence）來判斷。史特勞斯甚至暗示這也是政治、道德事物必須有時適當地「錯誤」（inexactness）的正當理由，而不能完全依照所謂自然權利、真理貫徹下去（NRH: 153）。前文曾提到「智者統治」現實上不可行，因此智慧必須與「同意」相結合，這即是史特勞斯認為中庸之道表現的例子。史特勞斯指出尼采、馬克思雖然是人類歷史中極為少數的偉大思想家，但從他們對於實際政治影響的慘痛教訓，史特勞斯認為這是要我們再次記住古老就已流傳的觀念：

智慧不能和中庸相分離，因此智慧必須毫
無猶豫的效忠於公正的憲政（decent
constitution），這即是施行憲政主義的原
因。中庸可以幫助我們防止兩個孿生的危
險，這兩個危險一是對於政治期望太高；
一是完全鄙棄政治（LAM: 24）。

以上是從「邪惡不止」、「中庸」來說明史
特勞斯對於政治生活的看法，我們還可以從史
特勞斯學派對於柏拉圖「洞穴之喻」（*Republic*,
514a-520e）的詮釋，更可以清楚地了解這方面
觀點。❹史特勞斯學派的詮釋觀點將人類的政
治生活比作洞穴生活，一般人就如同洞穴中被
鐵鍊拴住的囚犯。四周是一片黑暗，而唯一使
囚犯們得以認識自身與這個世界，是憑藉觀察
牆上的陰影（由遠處的火堆造成）。囚犯背後有
人手持肖像，透過火光投影到牆壁上，因為囚
犯不能向後看，一生中只見過牆上陰影，以為
這世界上的事物就是些影子。而手持肖像的，
就是城邦中的詩人、立法者（以今天的話，就

是政客），他們透過狡黠的技藝，模仿眞實的事物，制訂法律，塑造偏狹的正義，替自己謀福利，亦即色拉敍馬霍斯（Thrasymachus）所言：「正義不過是強者的利益」（*Republic*, 338c）。

而此時，若有一個人（哲學家）被解開鐵鍊，回頭看到火堆，起初眼睛一定睜不開，並且以爲那些肖像是比陰影還不眞實。而這脫離束縛的囚犯，當他繼續被人推往洞穴的出口，進入到地面上眞實的世界。剛開始，他只能看地面上的影子或水中的倒影，漸漸地，他能看到樹、花草、動物等眞實事物，最後他眼睛能看到太陽——這是一切能見事物的來源。史特勞斯學派對於這個譬喻，有幾個強調重點，以下分別說明：

　1. 洞穴之中就如同人類政治生活；洞穴外的眞實世界是哲學家倘佯的地方。
　2. 洞穴中的大部分人，無法否定原來對「陰影」的認知，這是他們自小所理解到

的信念。以今天的觀點，這可以是「宗
教」、「道德」、「家庭倫理」或是「社
會習俗」，這些是支撐「洞穴生活」或個
人生存的重要信念，一般人是無法放棄
這些的。

3.哲學家一旦出了洞穴，是不太願意回
來，有誰願意再度活在「陰影」當中
呢？但是，史特勞斯學派的觀點認為，
哲學家基於他們對於原來洞穴中人們的
愛，他們仍會選擇再度回來。

4.哲學家回到洞穴之中，一則不適應黑暗
的環境，成為洞穴中幾近瞎眼的人；一
則哲學家所提供的真實認知，一般洞穴
中的人不僅嗤之以鼻，甚至會認為哲學
家瘋了。洞穴中的人們會阻止下一個出
去洞穴的人，以及對現存的哲學家進行
迫害。

5.大部分洞穴中的人，是不能、也不願脫離
他們的鎖鍊，哲學家在洞穴中只能小心翼
翼地找尋可能成為哲學家的年輕人，幫助

　　他們掙脫枷鎖，見到眞實的世界。

　　從這譬喻中，可以發現政治生活的侷限會導致「政治」對於「哲學」的仇視，因爲哲學所帶來的是超乎現存世界、價值觀的事物，「眞理是具傷害性的」，會破壞現存政治秩序的信念與根基。這是史特勞斯一個十分核心的觀點，他的著作《迫害與寫作的藝術》，「迫害」所指的正是政治生活對於哲學家的迫害，所以哲學家必須以「公開性」、「祕傳性」寫作的方式來傳達他們的教義。而《城邦與人》雖然表面上是由史特勞斯對於亞里斯多德的《政治學》、柏拉圖《理想國》以及修斯底里斯的《波羅奔尼撒戰爭史》（*History of Peloponnesian*）之詮釋所組成，但如班納笛特（S. Benardete）所言，此書所處理的正是「城邦」（雅典）與「人」（蘇格拉底），亦即政治生活與哲學家之間的衝突關係，班納笛特亦指出史特勞斯另一本著作《亞里斯多芬尼斯和蘇格拉底》正是同樣主題的姊妹作（1978: 2）。又如格瑞福屈（V.

Gourevitch）所言，史特勞斯的《論暴君》從一
開始即提出哲學與社會間的不均衡要求，而到
最後則明白指出兩者之間「不可避免的衝突」。
「哲學會受到懷疑，是因爲一般皆相信『知識即
權力』」，擁有知識，即意味著具有判斷是非、
對錯，做出正確決定的權力，這是許多人所羨
慕也深爲嫉妒的地方。另一方面，哲學又並非
是一種「成就」（achievement），而是一種「追
求」（quest）。政治社會中的權威無法依賴哲學
作爲合理化的後盾，因爲哲學是無止盡地追
求。相反地，哲學質疑權威的正當性。「作爲
一種追求，哲學必需質疑人們所持有、相信的
價值與眞理；必須質疑一般或個別政治社會中
的權威」（1968: 65-6）。

政治對於哲學的迫害，史特勞斯甚至提出
「哲學社會學」（sociology of philosophy）的概
念，認爲眞正的哲學家們與社會充滿了緊張關
係，而必須採取祕傳性寫作方式，以避免受到
迫害。他認爲這是有別於「知識社會學」
（sociology of knowledge）的概念，後者強調特

定知識份子、哲學家與社會的和諧互動關係，不足以說明真正哲學家的處境。史特勞斯由此，進一步從伊斯蘭哲學家法拉比的著作中得出「政治哲學」另一種解釋：

> 哲學和哲學家處在極大的危險之中（in grave danger），因為社會並不認可「哲學」或「從事哲學的權利」。哲學家不是社會的支持者，也並非其中派系的黨徒，哲學家僅僅辯護哲學的利益——他們認為這是人類最高的利益（highest interest of mankind），而無視於其他的主張。因此，哲學與社會之間，並不存在和諧。為了保護哲學，就需以「公開性教義」的方式，哲學必須在此防護中呈現，這是為了政治理由的需要，這是哲學呈現在社群中的面貌，是哲學的政治面向，這就是所謂的「政治」哲學（"political" philosophy）（PAW: 7-17）。

此處是表明了「政治」哲學是為了避免受

到政治的迫害，所進行的一種公開性的說明。
但是避免受到迫害，只是一種外在的理由，政
治哲學本身的價值又是什麼呢？史特勞斯以他
自己的話，對政治哲學下了一個重新的詮釋：

> 我說（I say），「政治哲學」基本上不是指
> 以哲學的方式處理政治，而是以政治的、
> 公開的方式處理哲學，或說是對哲學的政
> 治性引介——試圖引導有此稟賦的公民
> （qualified citizens）或他們具有此稟賦的孩
> 子，從政治生活轉向哲學生活。

史特勞斯並認為這「更深一層意義」的政
治哲學與我們在本章第一節所提到的政治哲學
其實都是在推崇「哲學生活」，而正因為哲學生
活的證成需要在政治社群中，所以這種政治哲
學對政治事物的理解需從一般政治生活出發。
因此，我們一般以為政治哲學是以哲學的方
式，討論關於政治的主題，而史特勞斯認為更
深一層的政治哲學，是以政治的方式來傳達哲
學的真理。哲學為了能在這個社會中存在，因

此必須假借政治哲學的形式（WIPP: 92-3）。

當然，可能有讀者會問，這是否就是史特勞斯的祕傳性教義？我們探求古典政治哲學，原是為了找出最佳政體，作為一切判斷的標準，到最後卻發現，古典政治哲學追尋政治事物的本質，認清的卻是「政治的侷限」，是為了引導人們走向哲學的生活。但並不認為因此這就是史特勞斯的祕傳性教義，一則是過於明顯，並沒有藏在「言外」；二則是在第一章介紹史特勞斯的研究方法曾提到，史特勞斯著重「沈默」、「代言」（亦即假他人之口）所帶來的意涵，但是此處史特勞斯卻用了他在行文中甚少出現的口吻：「我說」。筆者感到十分不習慣，甚至覺得有些古怪。因此，此處不是從宣稱史特勞斯的祕傳性教義著眼，而是指出這是史特勞斯對於古典政治哲學的更深一層含意。

行文至此，尚未對本章第一節所遺留的問題作回答，就是「追求真理」如何與「最佳政體」相容？這一問題並未在討論最佳政體時回答，現在在介紹過「政治的侷限性」概念後，

可以知道最佳政體——智者統治的觀念，這是
現實政治中難以施行的，因此人性也無法仰賴
「最佳政體」的實現達到。但是，退一步來說，
若能在政體中保存「哲學生活」的存在，這就
應是史特勞斯認為的最佳政體，因為這是可以
讓人性得以完善，追求快樂生活的政治秩序。
史特勞斯自己也曾指出：「柏拉圖說的很明
白，民主在一個非常重要的方面上，相等於最
佳的政治制度，而與海希奧（Hesiod）的黃金
時代相通。因為民主的原則就是自由，在民主
之中各種類型的人都能自由發展，特別是最優
秀的人」（WIPP: 36）。史特勞斯學派的布魯姆
也是持此觀點，他指出「作為市民，蘇格拉底
讚揚榮譽政體；作為哲學家，蘇格拉底渴望民
主政體」，並進一步說「在哲學家奉獻的城邦，
被顯示為不可能、不可欲時，而能使他自由地
追求哲學的政體，就成為他所贊成的」（1968:
421-2）。因此，就古典政治哲學的深層意涵，
最佳政體與追求真理應是相通的，因為前者即
是確保後者的政治秩序。而這種能保障哲學生

活──追求真理的政治秩序，能讓「蘇格拉底
活到七十歲之久」的政治秩序，史特勞斯應仍
是寄望於民主政治，他認為「自由民主或憲政
民主是比現存其他任何政體，更接近古典的要
求」。**⑮**

五、危機與解答

　　本節分作兩個部分，首先以表格扼要整理
出古典與現代政治哲學的差異，以作為進一步
討論的參考；其次，提出對於史特勞斯「古今
之爭」解決現代性危機的看法。

（一）古典與現代政治哲學的差異

　　綜合第三、四章的介紹，將古典與現代政
治哲學的一些關鍵性差異，簡單地在下列表格
中呈現（**表4-1**），希望能讓讀者清楚的知道兩
者間的不同：

　　依史特勞斯的詮釋，古典與現代政治哲學
最大的差異在於對「自然」的認定。古典相信
有「自然」的標準存在，也有所謂完善的人類
自然天性的存在，換句話說，就是有客觀的價
值標準；現代則否定了古典「自然」，著重「歷
史意識」與「科學」的規範，亦即價值規範是
由人為主觀建構。從政治、道德生活來看，古
典政治哲學肯定符合「自然階層秩序」的道德
行為，認為高的欲求應該壓制低的欲求，「自
然貴族」就應位於統治的地位，治理一般的人
民。現代政治哲學不相信有自然階層秩序，認
為一切價值規範是平等的，因此欲求與欲求之
間只有量上的差異，沒有質上的不同。所以
「平等」成為政治生活的必要德性，而統治者的
正當性，就是來自「量」上的累積。

表4-1　古典與現代政治哲學的差異

項目	古典政治哲學	現代政治哲學
代表人物	＊蘇格拉底、柏拉圖、亞里斯多德、希賽羅（Cicero）、阿奎納	＊馬基維里、霍布斯、洛克、孟德斯鳩、盧梭、尼采、海德格
關鍵性差異		＊否定古典政治哲學
規範標準	＊自然、自然權利	＊人為建構，尤其是指「歷史意識」、「科學」
問題焦點	＊最佳政治秩序 ＊智者的生活	＊方法 ＊不關心智者的生活
研究立場	＊接受現存的價值偏好，使用政治生活中的語言，並視自身為其中的一份子 ＊正確的引導，進行價值判斷，倘若不如此，就好比製鞋卻不要求好鞋、醫病卻不要求健康一樣的荒謬 ＊教育家、解放家、預言家、受啟發的政治家	＊站在一個虛無的阿基米德點，對價值做相對的評判，脫離現狀，使用艱澀的科學語言。 ＊僅止於描述、理解，不作評價。 ＊操弄者、觀察者
自然	＊事物的可完善性	＊事物的常態

（續）表4-1　古典與現代政治哲學的差異

項目	古典政治哲學	現代政治哲學
自然權利	＊依自然的「價值層級」社會，有高低之別，尤指智者對於不智者的統治。	＊人人平等、自由
人性	＊著眼於人的可完善性	＊自利、自保、求生存、情感
政治秩序	＊重視「智慧」的最佳政體 ＊依賴「機運」，建構在言談之中。	＊強調「平等」 ＊人爲努力即可實踐

（二）以「古今之爭」解決「現代性危機」

其次，是對於史特勞斯以「古今之爭」解決「現代性危機」──否定（古典）政治哲學，提出自己的詮釋觀，以下分點作說明：

第一，史特勞斯稱他是重新開啓「古今之爭」，就目前所讀到的，毋寧是以「古典」批判「現代」，幾乎沒有在他的文本中發現以現代批判「古典」的觀點。❶

第二，因此若以史特勞斯對於「古典政治

哲學」的觀點，作為他試圖解決現代性危機的
主張。這裡必須要先回答兩個問題，首先史特
勞斯為何自己說開啓「古今之爭」？其次，如
上文曾指出史特勞斯明白地知道古典政治哲學
已經無法理解這一個社會，為何以古典政治哲
學為解決方案？以下依序作討論：

1. 「古今之爭」vs.「古典政治哲學」：就
   論述策略上來講，史特勞斯使用「古今
   之爭」的方式是比採取「古典政治哲學」
   的主張，可以避免許多正面的攻擊。亦
   即史特勞斯表明他目前並沒有立場，只
   是想從古典現代之中，找出適當、好的
   觀點。若以史特勞斯對「古典政治哲學」
   的界定，他是從一般人的「意見」開始
   出發，倘若一下子就跳到與現代觀點差
   異甚多的古典政治哲學，這不僅不易為
   人所接受，還容易成為被攻擊的對象。
   其次，從學說的實質內涵來看。古典政
   治哲學並非宣稱掌握了一套「真理」，古

典政治哲學強調的是「追求」（雖然這種
「追求」、「無知之知」也能建構出一套
強調「智慧」的政治秩序），這不正與重
新開啓「古今之爭」的觀念相符合嗎？
古典政治哲學不是一個固定的知識，而
是一種對於「眞理的追求」，倘若現代政
治哲學眞有足資借鏡之處，古典政治哲
學本應接受，而不會故步自封。因此，
史特勞斯所謂開啓「古今之爭」，其實就
等同於「古典政治哲學」。

2.古典政治哲學是否能應用在現代社會：
上一點將古典政治哲學等同於「古今之
爭」，所以古典政治哲學當然可以適用在
現代社會，因爲古典政治哲學是保持
「開放」的。另方面，從史特勞斯強調
（古典）政治哲學是對「永恆問題」的探
索（WIPP: 228-9），以及他對於古典政治
哲學被稱爲「不民主」、「不科學」所提
出的辯護，他認爲古典政治哲學能對民
主提出有益的批判；而古典政治哲學的

宇宙論是一種對於整體無知的預設，是著眼於人之為人的處境，而與現代科學發展並不相衝突（WIPP: 36-40; PPCOT: 230-42）。因此，史特勞斯的立場應是，相信古典政治哲學能適用於現代，只不過不能「原封不動」、「教條式」的套用，而是需經過一定的修正。

　　第三，所以史特勞斯是以古典政治哲學作為解決現代性危機的方案。依他的詮釋，整個古典政治哲學的基礎建構在「古典自然」、「人性」與「追求真理」三個觀點上。以下依次說明：

1. 古典自然著眼於事物的可完善性，當事物朝向、達到完善狀態時，就是稱為自然。

2. 人性亦即「人類的自然天性」，也是依上述的自然觀念，強調人性的可完善性。古典政治哲學並指出人性的兩個特點：「人的自然結構」與「人的社會性」。人

的自然結構是認為人的欲求有高低之
別，依自然秩序亦即人的完善性，理性
應在激情、欲望之上，而理性的生活——
—追求真理的生活就成為最自然、最快
樂的事；另方面，因為人天生是政治的
動物，人類所特有的理性言說能力，就
必須在群居生活中發展，「理性言說表
達利與害，義與不義」，而利、害與義、
不義是在政治社會中出現，所以人性趨
向完美就需要良好的政治生活的配合，
亦即最佳政體。因為在不好的政體中，
是非混淆，利害難分，不僅無助於人類
天性的發展，還會讓人趨向邪惡。

3.古典政治哲學追求永恆的真理，因為就
「存有層級」，永恆高過於「會毀滅的事
物」以及「虛無」。而認知「永恆事物」
就是真理，認知「會毀滅的事物」的是
意見，認知「虛無」則是無知，因此，
真理高過意見、無知。這是從「存有層
級」推到「知識層級」再推到「價值層

級」，永恆→眞理→價値（權力），這就
構成了古典政治哲學從追求眞理，到構
成政治秩序的基礎。

第四，我們若能接受上述三個觀點，應就
能接受古典政治哲學。而以這種古典政治哲學
來思考第二章所關切的（古典）政治哲學遭到
否定的問題，尤其是「事實與價値分離」與
「歷史主義」的主張。以下分別說明：

1.事實與價値的分離，主張價値之間無法
進行判斷。古典政治哲學以「古典自然」
作爲價値判斷的標準，以事物是否朝向
完善性作爲高低、優劣的評判。至於事
物的完善性爲何，古典政治哲學以「哲
學辯證法」，從相互矛盾中，逐漸探求出
事物的本質、理型。

2.歷史主義主張一切「眞理」皆是隨時空
而變動。古典政治哲學也同樣面對變動
的世界，但不同於前者的地方是古典政
治哲學預設永恆眞理的存在，而它所做

的正是「永恆的追求眞理」。雖然古典政
治哲學似乎對於古典自然權利、最佳政
體提出一些已經定型的「眞理」，但如上
文所強調的，這些其實都與「追求眞理」
是相容的。

　　第五，若能接受古典政治哲學的觀點，
「事實與價值分離」、「歷史主義」的攻擊，就
應能解決。但是史特勞斯對於古典政治哲學的
詮釋，不僅著眼於對現代性危機的解決。史特
勞斯進一步指出，古典政治哲學的深層意涵—
—政治生活的侷限性，追求眞理的生活才是最
快樂的事。但是正因政治生活的侷限，政治會
迫害哲學，是以哲學家爲了確保在城邦中的生
活，以及避免受到迫害，所以哲學家就透過
「政治哲學」──政治性、公開性的哲學，傳達
他們的教義，這裡尤其是指「教育」，引導具有
潛力的年輕人朝向哲學的生活。

　　第六，因此，史特勞斯從「古典政治哲學」
對於「現代性危機」的解決方式是，首先引導

對於「此時、此地」（here and now）關注的
人，告訴他們現狀的問題，亦即「現代性危
機」，並試圖提供一個具有客觀標準的完善政治
秩序，或是說洞穴中的理想城邦。但接著，史
特勞斯又點出「政治生活」的侷限，希望讀者
放棄對於「此時、此地」的關懷，理想城邦再
好，也不過在洞穴之中。他希望引領具哲學潛
力的年輕人，轉向最快樂的哲學生活。所以史
特勞斯真正提供的是一種生活方式，一種立基
於現實政治環境，而追求哲學真理的生活。

　　以上是從史特勞斯的文本中，所得出的詮
釋觀。筆者並沒有從「公開性」、「祕傳性」的
觀點作解讀，但是希望也能讀出史特勞斯的真
正意涵。接下來，在下一章中，將焦點放到實
際的政治主張，看看史特勞斯如何從「古今之
爭」的理論探討，進而在政治生活中落實他的
主張。

注釋

❶見NRH: 121-6; CM: 20-1; WIPP: 111, 121。

❷見NRH: 24-5, 35-6; RCPR: 214。

❸語見張佛泉（1995: 14-8）。

❹見WIPP: 40。另外，從「形式來看」，〈何謂政治哲學？〉一文中，共分三個小標題，六十六小段，其中第二個與第三的標題分別爲「古典的解答」（The Classical Solution）、「現代的解答」（The Modern Solutions）。我們可以注意到，古典的解答是單數，現代的解答則是複數。因此，筆者在介紹現代政治哲學以個別思想家做說明；而對於古典政治哲學則以整體特徵作介紹，應算是根據史特勞斯的理解吧！

❺見PPCOT: 225-6; WIPP: 27-9, 74-7, 80, 94, 178-81; NRH: 81; CM: 11-2。

❻見NRH: 3, 162-3; WIPP: 94; LAM: 24。Cf. TM: 295。

❼此處論證，尚可參見江宜樺（1995: 46-7）的介紹與批評，該文認爲這種由人的天性（理性言說、群居本能）推導出的城邦，其實不正就是指出城邦是「人爲」的建構，而非自然的存在。筆者認爲此處，倘若界定在符合「人類天性」（human nature）的nature，而非「自然存在」的自然，應可避免上述的批評。有關「自然」觀的討論，可參見苑舉正（1998: 33-4）。

❽WIPP: 33-4, 85; NRH: 135-7。

❾見WIPP: 40; NRH: 140-3。

❿見NRH: 144-6, 169 ;TWM: 84-5; TM: 295-6。

⓫見HPP: 22, 34; CM: 111, 127-8, 138。此處的「自然」似乎又與上兩節所介紹的自然意涵不同，不知這是史特勞斯故意的安排，還是他也認為「自然」有兩層意涵，一是理想性；一是事物本然，都是一種必需的特徵。

⓬見WIIP: 28; CM: 5, 127。Cf. NRH: 85, 144。

⓭見WIPP: 28, 32; LAM: 24; NRH: 152-3。

⓮筆者此處主要是藉由Bloom對柏拉圖《理想國》的詮釋，見Bloom (1968: 403-8)。Hall(1977: 293-313)和Klosko(1986: 275-293) 皆直接稱Bloom對柏拉圖《理想國》的詮釋，為史特勞斯學派的詮釋，因此筆者認為此處與史特勞斯的觀點應是十分貼近的。

⓯Leo Strauss, "Correspondence concerning Modernity: Karl Lowith and Leo Strauss," *Independent Journal of Philosophy*, vol.4 (1983: 107-8)。轉引自Behnegar (1995: 260)。另可見WIPP: 126。

⓰持此觀點的學者有Dannhauser (1990: 445); Drury (1988: 15)等。反對此觀點的有Tarcov (1983: 6-7)，其所持的理由乃是強調史特勞斯是「重新開啟古今之爭」而並非偏於一方。

第五章
自由民主的批判
與史特勞斯計畫

本書關懷的問題是對於現實生活中失去價值標準的困惑。我們經由史特勞斯的導引，將問題轉為對提供價值標準的（古典）政治哲學作理解與討論。這是由現實提升到理論，本章希望再將理論放回到現實生活中。到底史特勞斯所界定的政治哲學是如何看待現行的政治體制？這種政治哲學的落實，會對實際政治提出哪些主張？如果「史特勞斯學派」正是這種學說的繼承者、實踐者，那麼「史特勞斯學派」的主張又是哪些？在政治光譜上又是處於什麼樣的地位？

一、對自由民主的批判

我們先討論史特勞斯對於當代自由民主體制（liberal democracy）的看法。對他而言，當代自由民主體制有兩個重要的實例，其一是他早年所居住的德國「威瑪共和時期」；另一個

則是他中年以後所處的美國。「威瑪共和」最
後遭致納粹破壞的經驗，以及他認為美國對於
「自然權利」觀念的摒棄，將導致重大的災難，
這些讓史特勞斯對於自由民主體制的「自我維
護」特別重視。換句話說，史特勞斯認為當代
「自由民主」的理念，無法維繫政體本身，民主
政體極容易如柏拉圖《理想國》中所言，下一
步就是走向最糟的政體──獨裁政體，亦即是
現實生活中「威瑪共和」的慘痛經驗（Gunnell,
1987: 70）。因此，雖然我們前面得到的結論是
史特勞斯認為「民主政治」是實際最佳政體，
因為有助於哲學家的哲學生活。但史特勞斯在
他的文本中，多處認為「當代」自由民主出現
許多問題，需要經過一定的批判與修正後，才
能成為適於哲學家生存的穩定社會秩序。

　　如同區分出古典與現代政治哲學，以及視
古典為現代弊端的良方，史特勞斯對於自由民
主的看法，似乎也正是如此。他指出「當代」
自由民主是現代性的產物，當代「自由民主的
理論如同共產主義，是在現代性第一波、第二

波產生的」。因此，當代自由民主本身具有現代性前兩波的問題，再加上史特勞斯認為現代性第三波尼采對於現代理性以及現代理性主義的批判，是當代「自由民主危機的最深層理由」，因此當代自由民主在理論上有嚴重的問題。

　　不過，史特勞斯指出在實際運作上，當代自由民主仍勝於共產主義、法西斯主義。他認為這是因為當代自由民主的運作，還有西方傳統的前現代思想的支撐（TWM: 98）。另方面，史特勞斯推崇古典自由主義，視自由為促使「德性」展現的能力，最終的目標仍在德性；而批判現代自由主義，不再從德性的觀點看待自由，他認為這種自由接近於放縱（LAM: 28-9）。因此，這些都顯示了史特勞斯在討論「自由民主」時，仍將古典視為可資學習與修正當前弊端的典範，亦即仍採用以古批今的方式。

　　但是許多批評史特勞斯的學者，從史特勞斯對於現代自由民主的批判，以及他所提出的古代方案並不符合現代意義的自由民主觀，從而他們認為史特勞斯及其弟子其實是「反民主」

（anti-democracy）；而史特勞斯學派的人則多
替史特勞斯及其自身辯護，認爲他們絕對是民
主的支持者，只是憂心民主的弱點，提出批判
與解決之道。❶我們在此處並不打算討論史特
勞斯到底是「民主的」或是「非民主的」。因爲
理論上的討論，雖然以貼上標籤的方式，容易
有攻擊的目標。但很可能的情況是，彼此對於
民主的定義不同；或是兼有民主、非民主的主
張。此處的焦點是擺在他對現狀，尤其是當代
自由民主體制，提出了哪些「批判」觀點，誠
如他自己所言：「我們不被允許作爲民主的諂
媚者，正因爲我們是民主的朋友和同盟」
（LAM: 24）。至於，有關史特勞斯這方面觀點
的優缺點以及二手文獻的批評和辯護，則留待
下一章中作更進一步的討論。

　　在史特勞斯的文章中，他時常將「現代民
主」、「自由民主」、「民主」等，相互混和使
用（Gunnell, 1987: 72）。不過，我們若以「自
由民主」一詞，應是比較容易將焦點確定。這
個詞可以表現出兩個特點：一是「自由主義」，

一是「民主政治」。兩者在觀念上有重疊處，譬如重視人民的權利，但前者比較關注於政府政治權力的限制，而主張「立憲政府」、「國家中立」、「程序正義」等概念❷；而民主政治則是強調由多數統治、人人平等的概念。❸以下就針對這兩個特點，分作五方面來分別說明史特勞斯所提出的批判：

（一）道德的墮落

　　史特勞斯指出「古典之所以拒斥民主，乃因他們考慮到人類生活以及社會生活的目標，並不是在『自由』而是在『德性』（virtue）。自由作為一個目標來說，是曖昧不清的，因為自由可以發展出善，也可以發展出惡」（WIPP: 36）。《自由民主的危機：史特勞斯學派觀點》一書中，緒論開頭的第一句話：「最佳理解自由民主危機的方式，就是視作道德基礎的危機」（Deutsch & Soffer, 1987: 1）。因此，可以知道史特勞斯對於自由民主的批判，一個很重要的觀點就是道德、德性的問題。以下進一步從四個

面向說明，他認為自由民主導致道德墮落、道
德虛無的原因：

1.價值中立

　　價值中立的概念，在前文中曾以「事實與
價值分離」的主張作說明，在那一章中曾提到
放棄價值判斷將導致虛無主義。在政治、道德
生活中，價值中立造成善、惡不分，就是道德
的虛無。史特勞斯指出價值中立的觀念，認為
一切價值就「類別」而言，沒有高低之分，成
為齊頭式的平等，此時最直接、最基本的欲望
就成為主宰人類活動的主要驅力。另方面，人
一生中總是不斷地需作選擇，在齊一的價值
中，總是要挑出一項偏好，史特勞斯認為此時
就是以最能到達到任一目標的「手段」視為較
高的價值，亦即價值高低是在「手段」，而非目
標本身。推到現代社會中，一個人的價值就只
在於他的專業性，越具有專業的能力，就意味
著可以掌控的工具越熟練，較易達成目標。可
是，史特勞斯認為如此使得「人性」受到抹
煞，成為「訓練有素的狗，欲望充斥的豬」，他

認爲這正是現代民主的寫照。科學的發展、專業的培養、教育的訓練，其實都祇是爲了滿足欲望，而這些欲望又往往受到這社會中平庸的大多數人影響，就成爲口腹、聲色之慾，即是道德的墮落。

2.缺乏人文教育、宗教教育

史特勞斯指出在古代「仕紳」階級接受人文教育；一般的百姓接受宗教教育。有關仕紳的人文教育，在下文中會詳細交代，簡單地說，人文教育幫助仕紳了解人性、城邦的自然秩序，使得他們能夠依照德目層級的高低進行對城邦的治理，並過著具有政治德性的生活。而一般大眾受到宗教教育的薰陶，每一個人都是上帝的子民，需要對上帝負責，而不至於過於放蕩、逸亂。但是現代不僅宗教教育沒落，而人文教育也只是空有其名，不足以讓人成爲自由人，反而是教育培養出的人，每天需爲了生活在張羅，儘管是企業家、商人，也是必須日理萬機，而沒有時間透過政治參與、哲學沈思而實現眞正的自己。相應於價值中立的主

張，現代民主也只著重於制度的安排，強調的
是程序正義，而對於品味、個性的培養則予以
忽略，因爲現代民主不知道應以什麼價值來教
育下一代，而只能以價值中立的程序，規範人
民，卻不提供任何實質的內容。相對於古典，
人文教育重視個性和品味的形成，柏拉圖的
《法律篇》即作了很好的範例（LAM: 10-1, 22-
3）。

3.公私領域的劃分

　　史特勞斯認爲自由主義要求的是有限政
府，主張對公、私領域的劃分，公權力只侷限
在公領域，而不能侵入私領域。史特勞斯認爲
這會產生兩種問題，首先是自由主義爲求個人
自由的極大化，在公私領域的劃分上，就將公
領域盡可能縮小，而私領域盡可能的擴大。因
此自由主義所談的平等、公正等概念，就只能
在縮小的公共領域實行，佔極大部分的私領域
則不受政治權力的規範。史特勞斯以猶太人的
處境爲例，儘管自由民主國家保障猶太人在政
治、法律上的形式平等，可是在私領域中，公

權力不干涉猶太人所受到的歧視，等於是一種
默認，並不能眞正讓猶太人生活在平等的環境
當中。這在道德生活中也是如此，公權力放任
私領域的生活，會使人民生活走向腐化（Drury,
1997: 36）。

　　另方面，史特勞斯指出縱使許多原屬私領
域的地方，也有一些公權力的介入，但他認爲
有一個是自由民主的私領域核心，就是在「投
票匣」中，而這也是自由民主政體中主權展現
的地方。選民在投票時，高興選誰、高興贊成
什麼政策，他／她都可以任意選擇，因此，史
特勞斯認爲自由民主的實際組成，以及主權的
行使，其實是「不負責的個人」。當然，史特勞
斯知道這並非是自由民主的本意，自由民主原
先預設的是本著良心的個人（conscientious
individual），意即個人受到他的良心引導與限
制。但是現代無法對於「良心」進行法律上的
規範，又否定了道德教育、人格薰陶的方法，
於是自由民主轉變爲「縱容的平等主義」
（permissive egalitarianism），前者的核心是本著

良心的個人；後者，則是受欲望驅策的個人。
史特勞斯認爲這即是自由民主的墮落，這是一
種道德的墮落（PPCOT: 221-4）。

4.不受控制的科技發展

史特勞斯指出古典與現代對於民主的不同
評價，其實在於對科技發展的觀點不同。簡單
來說，古典重視德性，並認爲德性必須透過教
育，而教育的機會則是因自然「資源的稀少
性」，而有自然的不平等，因此不贊同民主政治
的平等主張。史特勞斯指出現代將「資源的稀
少性」預設改變爲「豐富的資源」，因此能普遍
提供教育的機會，實行平等的民主政治。這裡
「豐富」、「稀少」的差異，史特勞斯認爲在於
現代將科技脫離政治、道德的束縛，而在生產
力上有大幅的提升；至於古代則是有意控制科
技發展，以免科技過度的發展而導致德性的衰
敗。以今天的生活經驗來看，科技文明不受道
德限制的發展，造成人的欲望不斷地擴張，科
技是爲人的欲望所服務，使人的生活偏離道德
的生活越來越遠，甚至會造成科技最終破壞人

類生活的悲劇，譬如原子彈的發明、生態環境
的破壞等（LAM: 12, 20-1; PPCOT: 231）。

（二）平庸的大衆文化

　　史特勞斯認爲現代民主的特徵就是大衆文
化，是一種低道德、低智識，價格低廉的一種
文化。史特勞斯認爲現代民主政治，在人人平
等的前提下，原本希望達到大衆統治（mass
rule）的目標，可是事實上，大衆無法進行統
治。因爲人數過多、意見紛雜、溝通不易等，
而無可行性，眞正的領導權仍是在少數菁英手
中。但理論上大衆又是權力的來源，倘若人人
熱心參與政治，會容易因意見紛雜、對立，而
造成社會秩序不安。因此爲了使這種政治體制
順利運作，大衆就必須對政治冷漠，只對影
藝、體育等休閒娛樂感到興趣，而缺乏公共精
神。史特勞斯稱這種文化爲大衆文化，並指出
這種文化特別喜新厭舊，需要不斷有新的產
品、新的觀念、新的刺激，就好比流行歌手須
不斷推陳出新，否則即遭淘汰（LAM: 5）。亦

即成為一種不斷的刺激欲望，消費，再刺激的
無止盡的循環過程，人類活動、各種藝術品、
甚至生命本身，都在這種快速地刺激、消費的
變動間失去了意義與價值。

　　除了上述對於大眾文化的批評外，史特勞
斯也指出當代自由民主政治為了「迎合大眾的
需求」，而造成平庸化的發展。史特勞斯指出古
典認為哲學家、仕紳、平民所追求的目標不
同，哲學家不斷的對真理探求；仕紳則以城邦
與靈魂的良好秩序為目標，視德性為目的；平
民則追求物質利益，視德性為工具，利益才是
主要目標，但三者之間，依次有高低層級的秩
序。而到了現代，由於自然科學的發展，科學
家──作為社會的少數人，為了使他們的科學
成果，由平民大眾接受，就需要讓平民啟蒙，
讓他們能使用新產品，這時受教育的對象就成
了全體公民。史特勞斯認為這主要是因為科學
的發展需要商業的支助，而商業又需要人民的
消費，新產品若不能讓人民安心、方便使用，
就沒有實質的利益。所以在科學與商業的結合

下，對一般人的啟蒙，就成為勢在必行。因此
教育的對象，從古典的少數人，轉到現代的全
體民眾，這是朝向平等的轉變，但也意味著教
育的內容品質下降，偏重在商業的需求，人民
的學習成為滿足欲望的手段，而非提升德性的
努力，史特勞斯認為這就是墮落（LAM: 19）。

（三）社會秩序崩解

　　史特勞斯指出自由主義的兩項主張，一是
世俗主義（secularism）；一是普遍主義
（universalism），兩者皆有害於社群的結合，而
容易造成社會秩序的崩解。前文曾提到史特勞
斯對於政治生活的預設，是如同地底洞穴，人
民一定要仰賴洞穴中既存的宗教、習俗等傳
統，否則會造成政治生活的不穩定。卓瑞很生
動地指出「史特勞斯接受宗教是人民鴉片的觀
念，而他進一步指出，人民需要鴉片。宗教給
予一般人安慰和意義，相反的，自由的個人主
義讓人民迷失、無根、無著落」（1997: 36-7）。
雖然一般認為自由主義並非反宗教，但史特勞

斯認為宗教的價值正展現於公領域的功能中，任何社會秩序的維繫、政策的正當性，其實有許多也都來自宗教，這可以從現實生活中政治人物對於宗教的依附即可得知，甚少政治人物敢宣稱自己是無神論者。而自由主義將宗教縮減在私領域中，這種「世俗主義」的觀點，破壞了宗教維繫政治生活的力量，尤其當宗教不再著眼於一般人民是否遵守政治秩序時，就會導致社會的不安。

另外，在普遍主義方面或說世界主義方面，史特勞斯指出當代自由民主政治，主張確保人類經濟上的富裕，以洛克的話就是「舒適的自保」，人人在此基礎上，才能充分地發展每個人的潛能，使這社會更自由、更正義。這是一種普遍性的目標，不僅適用於這社會中的每個人，而且還應進一步推廣到這整個世界，使整個世界都成為各民族自由平等、人人共享富裕和隨之而來的自由與正義（PPCOT: 219-21, 232）。但史特勞斯認為這種世界國家的觀點，只能由上帝來統治，這不僅在人類事實的經驗

上不可能；而且從理論上，史特勞斯認為會破壞社群成員的認同，因而危害社群的秩序。從黑格爾對於社群的觀點，一個社群的結合一定要有所「共」；也要與他人有所「別」。因此，史特勞斯認為當代自由民主政治的普遍主義否定了與他人有所「別」的訴求，這即是有害於社群的凝聚力，有害於社群的秩序。而且史特勞斯認為自由主義在有所「共」的地方，也只是以動物性、求生的本能與經濟發展作為基礎，並不是一種有力的結合（Drury, 1997: 36-7）。

（四）造成順從思想（conformism）以及對私領域的侵犯（invasion of privacy）

民主政治中的政策是由多數人決定，一個人要想在民主政治中獲得政權，就必須仰賴「民意」的支持。而所謂好的政治家，往往就是廣受人民支持的人，而與多數意見相違背的，就是政治錯誤，會被視為不符合民主政治的道德原則。史特勞斯指出，民主政治「有一個很

嚴重的傾向，就是認為好人就是個性爽朗、能
夠合作、討人喜歡的人」。史特勞斯認為這種傾
向過份強調合群的德性，而忽視及輕蔑「擇善
固執」、「堅持己見」的特立獨行之士。因此，
他認為「民主政治到如今還沒有任何辦法，能
夠面對『順從思想』蔓延」。這種「從眾性」，
在今天的消費市場，就是人們往往一窩蜂的追
逐某項產品，唯恐落後於潮流；而在政治上，
就是跟隨主流價值，「西瓜偎大邊」，深怕被視
為非主流、異類。史特勞斯指出這種觀念，會
造成「對私人生活領域永不間歇的侵犯」，因為
個人的判斷，都受到從眾壓力，必須跟著大眾
走，一般人其實根本沒有自主性可言（WIPP:
37-8）。

（五）民主政治缺乏自我維繫的力量

　　史特勞斯「批判」當代民主政治產生的弊
病，可是他仍相信民主政治是唯一可供選擇的
好政體，因此他也關注於如何維繫民主政治。
史特勞斯指出法西斯主義、共產主義的支持者

皆會效忠於他們所支持的政體，不容許他人破壞。可是自由民主體制的成員，卻相信「自由民主政體」是可以透過憲政程序的手段進行變更，史特勞斯因此認爲自由民主體制的自我維繫能力是很薄弱的。他認爲「只有當一個政體處在完全衰敗的狀態，政體的轉換才能成爲可以公開地辯護」，自由民主卻容許其它政體主張隨時進行討論。換句話說，民主政體似乎隨時放棄本身的價值，尤其再加上自由主義價值中立的主張，認爲「法西斯主義」、「共產主義」、「自由民主」基本上是三個平等的價值。而當人民對現狀民主政體不滿意時，自由民主政體就容易被要求轉變成其它的政體，造成政治秩序的不穩定，而走向獨裁、威權政體，譬如威瑪共和的例子（PPCOT: 241）。史特勞斯此處的觀點，可以從二次大戰後，德國（西德）基本法中找到相對應的概念，基本法第一、二章分別明白揭示「尊重人性尊嚴」、「維持自由民主法治基本秩序」不容破壞；基本法第二十一條，更直接明文禁止「以損害或廢止自由民

主的基本秩序」爲目的的政黨活動。這些皆顯
示了民主政治需要更多的自我防衛，才不會造
成政治動亂的悲劇。

　　總結來說，史特勞斯對於當代民主政治提
出了許多值得省思的批判。但在這其中，筆者
對於第一、第三點持保留的態度。在第三點
中，有兩個觀點，其一是世俗主義：史特勞斯
批評自由主義將宗教排除在公領域之外，無法
發揮穩定社會秩序的功能。但是就多元宗教的
事實，倘若讓宗教進入公領域的生活，譬如以
公權力鼓勵某個宗教，抑制其它的宗教，恐怕
只是會使衝突性加劇，並無助於社會秩序的穩
定。其次，自由主義的普遍主義、世界主義是
否可以維持一個社群，或說自由主義可否建立
一個社群，這是晚近社群主義者對於自由主義
的一個重要批評。❹但如江宜樺所指出，「世
界主義是否可以當成自由主義的自然推論，還
有商榷餘地」（1998: 133），因此史特勞斯此處
的批評需要再進一步的釐清，我們暫持保留的
態度。

　　至於第一點，這是一個大問題，就是一個社會應否以德性為目標，還是如自由主義者羅爾斯所主張的應保持中立性。此處的中立性是指：「國家或政府的政策必須『中立的』對待社會中各種合理的價值觀，亦即一方面國家應確保每位公民都有平等的機會去實現其價值觀；另一方面，國家的政策也不應『意圖』去偏袒任何特定的價值觀」（張福建, 1997: 126）。

　　前面我們談到史特勞斯對於價值中立（事實與價值分離）的批評，可以發現史特勞斯是以「古典自然」──事物的完善性作為標準。但就算我們可以接受他在「理論上」的觀點，但是一旦落入現實政治中，不免令人擔心公權力會假「真理」之名，行獨裁之實。不過，史特勞斯也許會做出以下三個層次的回應：首先從應然面來看，如前所說，「自由」可善可惡，「德性」才是確保人朝向可完美性，使人之為人的重要憑藉，史特勞斯認為這是每個人（當然包括政府或說統治者）責無旁貸的事。其次，從經驗事實來看，史特勞斯認為政體對人

的影響很大，當政者對人民德性的影響已經不
是「應不應該」的問題，而是事實上的問題
（NRH: 133）。因此，自由主義者認為政府公權
力不應介入價值判斷，包括公民的德性，史特
勞斯會認為這是違反事實經驗的。因為從執政
者的角度來看，試圖影響人民的價值判斷，絕
對是一個有利於本身政權持續穩定的好方法；
而從民眾的心理來看，史特勞斯認為一般人會
將執政者，視為值得尊重的人，所以願意接受
他們的領導。

　　第三個層次，就是史特勞斯應如何面對
「獨裁者」的問題（就史特勞斯自身的經驗，他
正是獨裁政體的受害者），亦即公權力假德性、
哲學之名，行個人謀私利之實。我們若從史特
勞斯的基本預設觀點來看，哲學與政治必然衝
突，所以任何公權力應無法獲得哲學的支持，
換句話說，任何假「哲學」之名的統治者應是
騙人的。但這樣的結論似乎完全抹煞史特勞斯
政治哲學的「實踐性」，實際上應沒有如此極
端。史特勞斯應是仍然認為哲學可以透過某種

形式的「淡化」（diluted），而可以對政治產生
影響。但當肯定政府公權力對於人民德性的培
養，史特勞斯接下的問題就是在於如何讓公權
力具有正當性，尤其是德性意義的正當性。

二、史特勞斯計畫

　　談完史特勞斯對現狀的批評後，我們接著
希望能找出較爲建設性並且具體的主張。但
是，史特勞斯的立論，多出於原典詮釋的方
式，「他沒有提出一個直接的政治理論，也沒
有對特定的政治立場，提出一套系統性的政治
原則辯護」（Kateb, 1995: 38）。不過，從另一個
角度來看，史特勞斯學派的政治影響，似乎又
很難讓人將史特勞斯的學說，完全侷限於純理
論的討論。

　　史特勞斯認爲「我們時代危機的核心，就
是對『現代性計畫』（the modern project）的懷

疑」，而所謂現代性計畫是指以現代政治哲學爲
基礎，塑造、引導我們與「前現代」完全不同
的現代新社會之具體信念。而爲什麼我們會對
現代性計畫懷疑？史特勞斯認爲這主要是因爲
作爲基礎的現代政治哲學出現了問題（PPCOT:
217）。我們在上文已經詳細討論過現代政治哲
學的問題，這裡主要是指出史特勞斯稱現代社
會的具體信念稱爲「現代性計畫」，而他的解決
之道，並非重新謀求支撐「現代性計畫」的理
念，他轉而回到古典政治哲學。換句話說，他
放棄了「現代性計畫」，可是並未明說他恢復的
古典政治哲學支持什麼計畫。試圖從他的文本
中釐出一個較爲具體的政治主張，就姑且稱之
爲「史特勞斯計畫」（Straussian project）。❺

　　此處主要是從兩個地分來討論，其一是史
特勞斯對於人文教育（liberal education）的觀
點；其二則是從史特勞斯學派的實際政治行爲
與主張來反推史特勞斯可能的具體計畫。「人
文教育」是史特勞斯所提出的重要主張。將人
文教育列爲實際「政治主張」，可能會有些突

兀，但當考量到史特勞斯對於現代重於「制度改革」而忽略「人格薰陶」的批判；「人文教育」的提出，是史特勞斯針對當代自由民主弊病的解決方案；甚至「史特勞斯學派」的出現，似乎正是「人文教育」的具體實踐，他「教育出一批特別菁英，由這些人影響有權力的人或自己成爲有權力的人，進而改造這個世界」（Drury, 1988: 16-7）。所以，「人文教育」作爲一種實際政治主張，應是有充分的理由。

而「史特勞斯學派」在美國政治、學術界皆是一股重要的勢力，這是研究史特勞斯政治思想的一個很有趣的地方，不僅可以從理論上理解，還可以從實際上觀察。❻史特勞斯學派一般被認爲在政治上屬於美國的新保守主義者，此處藉由二手文獻，將新保守主義的政策與史特勞斯的學說之間的呼應作說明，藉以說明史特勞斯觀點的落實。

三、人文教育

　　史特勞斯認為當代民主政治的特徵就是「大眾文化」，而要解決這個問題，他提出「人文教育」的主張，他認為人文教育是當代民主政治的「解毒劑」（counterpoison）。史特勞斯是從「民主的原意」，或說理想的民主政體出發，他認為民主政治的原意是要由德性、智慧兼備的所有公民共同統治。可是現實生活的情況，在自然以及社會的不平等事實，能夠培養出德、慧兼備的公民畢竟只是少數。民主政治冀求大眾統治，而事實上，只會是以大多數未受教育或教育程度較差，並未具有德、慧的眾人，成為政權的來源。史特勞斯並指出大眾是無法統治的，實際上的統治者必然是少數的「菁英」，他們以迎合大眾的需求的方式，進行統治，如此造就出前文提及的低俗「大眾文

化」。所以，史特勞斯認為既然一個好的政體必須由一群德、慧兼備的人治理，這些人無論在自然本質或社會條件下必然是少數，所以儘管是在民主政治中，也應著重於對少數人的特別教育。而且正因為在民主政治中，這些人得以有自由機會追求更深邃的價值、文化素養，而不是一味的隨波逐流，不被社會上粗俗的大眾文化所左右，所以才能在紛紜、吵雜的浮華世界中，藉由聆聽沈靜、微細的偉大心靈的聲音，而能對人類的尊嚴、偉大、高貴、崇高性所引導，這才是人類的出路、人類的未來（LAM: 1-25）。

我們可以明顯看出史特勞斯面對現代民主，採用的是一種貴族政治的觀點，他不像主張啟蒙的思想家，認為每一個人皆可接受啟蒙，他認為與其將有限資源平分，成為均貧，倒不如讓有限的資源，培育出少數優秀的人才，為民主政治謀福利。而這種培育的方式，就是透過「人文教育」：

人文教育是大眾民主提升到民主原意的階
梯。人文教育是在民主的大眾社會中，培
養出一群貴族（found an aristocracy） 的必
要努力（LAM: 4）。

此處所指的民主原意，史特勞斯是指原本
民主政治的理想是認為所有的公民都是具有空
閒人文教育呢？史特勞斯認為人文教育就是透
過閱讀偉大的著作（great books），聆聽偉大心
靈（great minds） 所遺留下的話，史特勞斯認
為這是一種哲學化的過程，透過對重要事物的
認知，可以訓練我們的理解力，並且認知到人
類心智的崇高性，這是一種激發，也是一種學
習（LAM: 3, 24）。

以下分別從人文教育的目標、功能、內涵
以及對象等，希望能較完整的介紹史特勞斯所
提出的人文教育主張，因為這除了是對現代民
主政治的矯正方案外，也透露出史特勞斯對政
體的主張，誠如他自己所言，教育絕對是一種
政治力量，統治者透過這種力量，可以塑造政

體中的人民；哲學家則透過教育，能培養出優秀的仕紳作爲統治者（LAM: 19）。

（一）人文教育的目標、功能

1.具文化素養的人（a cultured human being）

　　史特勞斯認爲「人文教育的成果就是造就出具有文化素養的人」，他以文化與農業的字根同爲*cultura*，而對兩者相類比。農業上要想有好的收成，就須根據土地的本質，依其需要進行灌漑、施肥。而他認爲人心亦是如此，須配合人的天性，予以適當的引導與發展，才能有所成長。他指出他所謂的文化不只侷限在西方，亦包括「中國、印度」等文化，就他而言，只是因語言的障礙，所以無法了解。但這也不表示他認可當前對於文化的廣泛定義，把各種群體的共同行爲稱爲文化，所以有青少年文化、幫派文化……等，他以花園作爲例子，他不認爲到處充斥著垃圾、空罐的草地可以稱做花園（LAM: 4, 7）。

2.大眾文化的解毒劑

史特勞斯認為現代民主，導致了大眾文化，這是一種絲毫無須道德、智識，甚至低廉的文化，他認為人文教育正是大眾文化的解毒劑。「人文教育提醒民主的大眾社會成員，人類偉大的可能性」。也就是藉由讓人意識到人類心靈的尊貴，了解到人類尊貴的真實基礎，以及世界的善。「而無論這世界是否由神創造，我們知道這將都是人類的住所，因為它是人類心靈的家」。史特勞斯認為人文教育可以使我們從大眾文化的粗俗（vulgarity）解放，而能體認到事物的美好（LAM: 5, 8）。所以人文教育可稱為一種精緻、深層、貴族式的教育，它使我們能超脫人云亦云的束縛，而能進一步產生深度的文化。

3.培養仕紳，進行統治

史特勞斯認為「透過教育，人文教育，使人成為仕紳」。他從人文教育（liberal education）的自由（liberal）意義來解釋，「自由」就是自己做主人，這種人須具備一定的財富，而能具

有閒暇時間，參與政治活動、哲學沈思而能實
現自我。史特勞斯認為這種有閒暇，能從事政
治、哲學的活動的人，就是仕紳。所以人文教
育指的正是成為仕紳的教育，也是專供具有仕
紳資格的人的一種教育。仕紳所關心的是靈魂
和城邦良好的秩序，關心的是城邦全體的利
益。因此人文教育的目的，就是在促使仕紳進
行公民義務，學習統治技術，教育的目的就在
於名正言順的進行統治（by ruling it in broad
daylight）（LAM: 10-13）。

4.作為哲學的準備

　　史特勞斯認為：「人文教育，特別是自由
技藝（liberal arts）中的教育，被視為哲學的準
備（a preparation for philosophy）」（LAM:
13）。我們從史特勞斯對於人文教育的界定，在
於閱讀過去偉大哲學家所留下的著作，我們即
可知道人文教育其實就是哲學追求的開端。此
處與上一章在談史特勞斯對於古典政治哲學的
觀點，其實是有很大的雷同性。史特勞斯起初
引入人文教育的主張，是作為解決當代民主弊

端的政治手段，古典政治哲學的第一層意涵也
是追求政治事物的本質、最佳政治秩序作爲解
決實際政治中的紛爭。可是古典政治哲學的深
層意涵其實是要引導具潛力的年輕人轉向哲學
生活，而人文教育此處似乎也具備相同的功
能。因此，人文教育可視爲史特勞斯落實古典
政治哲學的具體主張。

（二）人文教育的內容

前面曾約略提到史特勞斯認爲人文教育的
內容，簡單的說，就是閱讀偉大的書。他認爲
偉大的書，是偉大心靈遺留下的著作，而偉大
心靈，百年難遇，所以我們無法期待在這時
代、我們的教室中碰到，我們就只有透過往昔
偉大心靈的著作，聆聽他們的對話，縱使他們
之間也有意見紛歧，但史特勞斯要我們不驟下
判斷，不要自以爲我們比過去的偉大心靈更聰
明，我們應從了解重要事情中，增進我們的了
解，所以是透過了解而了解（by noesis
noeseos）。在這浮華世界，世事紛紜，我們仍

須靜下心來，聆聽這沈靜、細微的聲音（still and small），它是帶領我們從粗俗中解放，認識到美好事物的力量。他認為這些是不可能從科學中獲得，而是來自人文（Humanity）中的敏銳感受力（LAM: 8, 24）。

從落實面來說，史特勞斯認為若我們單從政治學系或法學院的課程來看，朝向人文教育的目標並非在於科目的變更，重點在於強調的重點（emphasis）和途徑（approach）。他認為：「我們應鼓勵的是一切使理解更寬廣、更深入的學習；而不是在充其量只是一些狹隘（narrow）或無道德價值的效率（unprincipled efficiency）而已」（LAM: 19）。因此可以知道，史特勞斯認為今天的教育多著重在工具性、技術性的面向，無法培養學生真正深入理解事物、認真地看待整體宇宙與複雜的人類世界。史特勞斯希望藉由經典，亦即偉大人物的智慧，重新開啟我們封閉的心靈，破除過去膚淺的自以為是，進而能體認到人類偉大崇高的可能性，朝向人之為人的完善境界。

（三）人文教育的對象

　　史特勞斯認為能接受人文教育的對象總是
少數人，「它總是少數人的義務和特權」。而且
史特勞斯從古代對於仕紳的人文教育，也一再
說明能擁有閒暇的人，總是少數。所以我們大
致可以肯定的說，史特勞斯對現代民主弊端下
的這服藥，是貴族式的民主政治。這裡的貴族
與今天的菁英，若是嚴格的區分的話，前者應
是偏重在文化、哲學素養上，而後者偏重在政
治權力上（LAM: 9-10, 24）。若我們將這裡的
對象，聯想到現實生活中的「史特勞斯學派」，
假設這就是史特勞斯施行人文教育的成果。史
特勞斯自身作為一位政治哲學家，透過引導學
生們閱讀原典，與偉大的心靈對話，進而讓他
們認知到心靈與城邦的自然秩序，偏向哲學的
學生，就繼續從事真理的追求與仕紳的培養；
偏向政治生活的學生，「將偉大的經典視為通
往實際政治之路」，從事實際政治改革的工作。

❼

　　總結來說，如史克蘭姆（Schram）指出史特勞斯認為人文教育在政治上的最終目的是為達到「大眾民主社會中的貴族政治（aristocracy）」，而此處的「貴族政治」是指由最好的人統治，「最好」則是包括德性和智慧。史克蘭姆認為這樣的主張，並非是純粹的貴族政治，而是落實在「民主政治」當中。放到史特勞斯所處的美國政治現狀，就是試圖達到「在此制度當中，具有德性、智慧的人，能夠在公開選舉中受到人民支持或是由人民代表（譬如民選的總統）指派，獲得公職的機會」。史克蘭姆本身極為贊成這種主張，他認為唯有讓這些具有德性意義上的菁英，進入政治領域，才能挽救當前精神上、社會上的失序現象（1991-2: 201-2）。

　　若回到上文中，我們討論到政治社會是否應以德性為目標，史特勞斯認為公權力對於人民德性的影響其實是一個事實層面的問題，而並非是應不應的問題。但史特勞斯因此必須面臨的問題是，他如何證成公權力的正當性。此

處介紹史特勞斯對於人文教育的觀點，也可以
說是試圖在回答這一個問題。史特勞斯透過
「人文教育」培養出具備德性的仕紳，或是能夠
教育仕紳的哲學家，透過他們進而影響整個社
會德性的發展，而德性即是朝向人類完美性，
使人之為人的憑藉，因此這是正當化公權力對
於人民的影響。

　　的確，政體對人民的影響，遠超過自由主
義的預設與所希望規範的範圍，尤其是在我們
今天所處的政治環境中。因此，我們皆會比較
同意應該讓「仕紳」，或有德性的人成為統治
者，因為總比在位者是「金牛」、「黑道」來得
要好。但令人質疑的是統治正當性除了人民同
意外（史特勞斯並不否定這一點），史特勞斯歸
諸於研讀「政治哲學」的學者，這是否有些天
真？因為這至少有兩方面的問題：首先，人類
事物的複雜性與專業性與日遽增，這些具古典
知識素養、德慧兼備的「學者」，因此就能進行
「統治」嗎？「徒善不足以為政」，在現實政治
生活中，更多時候是仰賴所謂的「技術官僚」、

「財經專家」、「科技人才」。那些曾見到洞穴之上的陽光哲學家，在洞穴中是註定不適應，「視力還很模糊」。班尼爾（Beiner）舉出兩個很好的例子：海德格和柏拉圖皆是他們時代中的偉大思想家，但是卻也是在政治上做出嚴重錯誤的判斷或鬱鬱不得志，這即清楚說明思想與行動之間，並非是一個可以直接相對應的關係（1990: 246）。其次，就現實政治生活經驗，所謂學者、專家很容易堅持己見，自以為是，往往是使衝突加劇、難尋得妥協的根源。因此，倒不如有些來自於地方的草根性人物，更能反映民意，在折衝、妥協中達成共識。

四、史特勞斯學派與美國政治

在1994年，美國《紐約時報》（*New York Times*）一篇文章指出，史特勞斯是共和黨「與美國締約」（The Contract with America）政策的

教父（godfather）。❽1996年，美國《時代》
（*Time*）雜誌一篇分析美國當年最具影響力與權
力的人物，在說明權力和影響力的區別時，作
者指出「也許，對美國政治最具影響力的人物
之一，是已過世的里奧·史特勞斯，他在一九
五〇、六〇年代任職於芝加哥大學，是一位自
德國移民的政治哲學家」（Lacayo, 1996）。

　　史特勞斯於1973年過世，換句話說，在他
過世二十多年後，仍然能對美國實際政治具有
影響力，這是爲什麼呢？一般來說，思想家或
哲學家是透過他／她們的著作，提出的觀念，
對這世界產生影響。而史特勞斯特別之處，除
了他的學說外，就是他的弟子及其再傳弟子形
成一股政治、學術上的勢力——「史特勞斯學
派」，這也是使得史特勞斯及「史特勞斯計畫」
仍能影響至今的主要原因。

　　在一九七〇、八〇年代，「許多史特勞斯
的學生中斷他們的學術工作，轉而成爲政治的
評論者，形成一股美國保守的政治理論」。史特
勞斯的大弟子布魯姆將對柏拉圖、盧梭、莎士

比亞的研究暫時放到一旁，針對美國高等教育
與民主的問題作批判，其書名爲《走向封閉的
美國精神》（*The Closing of the American
Mind*），此書在出版後即成爲該年度的暢銷
書。這也使得史特勞斯的學說及其學派受到矚
目，並且從純學術的領域進入到社會大眾的討
論。另外，像潘格和麥斯福德亦從原本純政治
思想史的領域，轉而批評時政，進行一般通俗
著作的寫作（Devigne, 1994: 58）。伍德則指出
許多史特勞斯學派的成員，他們將政治主張奠
基在對美國建國精神的討論上，他們的論證邏
輯是認爲當前美國政治的發展，應符合立國時
所蘊涵的精神，所以伍德稱史特勞斯學派爲憲
政的基本教義派（fundamentalists）。❾也因
此，「史特勞斯學派是比任何單一團體，都希
望將憲政納入公開辯論的議程」，在慶祝美國立
憲兩百週年時，史特勞斯學派所舉辦的研討
會、論文發表會等，遠超過任何歷史學者
（1988: 33-4）。

　　不僅如此，許多史特勞斯學派的成員，在

雷根、布希的共和黨政府時期，他們從原本的教職或是拿到博士學位後，紛紛轉入政府機構，或者從事時政批評的雜誌編輯。以下藉由德佛俊（Devigne）的整理，將史特勞斯學派的成員，曾經擔任公職或雜誌編輯的名單以表格整理如**表5-1**（1994: 59n.76）。

表5-1 史派成員曾任公職或刊物編輯之名單

姓名	曾任公職或刊物編輯	姓名	曾任公職或刊物編輯
A. Keyes	國際組織事務部長助理	N. Tarcov	國家政策計畫參謀
C. Lord	國家安全會議顧問	W. Kristole	教育部門參謀長
C. Thomas	最高法院首席法官	M. Plattner	國家民主基金會計畫執行長
J. T. Agresto	國家人文基金會副議長	M. Malbin	共和黨眾議院黨團團長
P. Wolfowitz	美國駐印尼大使	A. Shulsky	國防部戰略武器控制政策負責人
S. Cropsey	國務卿演講稿撰寫人	G. Schmitt	國家外國情報諮詢會議議長
W. Bennett	教育部長	D. Epstein	國防部官員
W. Dannhauser	《評論》雜誌的編輯	J. Rabkin	美國企業協會的出版物編輯
J. Schwartz	《公共利益》雜誌編輯		

　　「這些成員都認爲史特勞斯的觀念，形塑了他們對於政策的觀點」，上述成員之一的奇斯（A. Keyes）認爲他在處理美國對於南非的外交政策時，就是受到史特勞斯的影響，認爲政策的選擇只能求得次惡（lesser of evil），而不可能找到完美的解決方案；阿格瑞斯圖（J. T. Agresto）對於課程教育的改革是著眼於史特勞斯對於歷史主義批判；班尼特（W. Bennett）對於道德教育的訴求，可被視爲是經淡化後的史特勞斯學派的修辭（diluted Straussian rhetoric）（Weisberg, 1987: 61）。班尼特的《美德書》（*The Book of Virtues*）在美國十分暢銷，連續八十週登上暢銷排行榜，在台灣有中譯本發行。❿美國《時代雜誌》（亞洲版）在1996年將他選爲美國最具有影響力的人物之一。⓫

　　其次，我們再從意識型態的角度來看。史特勞斯的《自然權利和歷史》普遍被視爲保守主義的重要代表著作。⓬哈伯瑪斯將批判現代計畫（modern project）的學者分爲三種保守主義，他認爲史特勞斯屬於前現代主義的舊保守

主義者（premodernism of the Old Conservatives），反對現代的程序理性，而堅持古典的實質理性，對於現代性的問題，試圖回到前現代的解決方案（1996: 53-4）。唐恩和伍達德（Dunn & Woodard）將史特勞斯和他的學生歸為古典保守主義，這裡著眼於他們回歸西方傳統，追求古典政治哲學的觀念與規範（1991: 24-6, 116-7）。卓瑞將晚近美國新保守主義的領袖人物克里斯多（I. Kristol）的主張，視為史特勞斯學說的繼承與具體化（1997: 137-78）。德佛俊則認為在七〇年代左右，史特勞斯學派因為觀點、學說和新保守主義者的主張有相合之處，前者可提供後者理論基礎；後者則提供前者經費以及發表文章的機會，因此兩者合成一股美國保守主義的新勢力（1994: 64-5）。

　　所以，在政治光譜上，史特勞斯學派應屬於「右派」的保守主義。❸那麼具體的內容是什麼呢？不同的成員可能著重的重點有所不同，加上他們之間也是有許多爭議。在此處，僅就卓瑞和德佛俊的觀點作歸納，介紹史特勞

斯學派的具體政治主張。當然,他們所說的,無法代表所有史特勞斯學派的看法,此處僅作為一種參考。

前面曾談到,卓瑞是將史特勞斯的學說與美國新保守主義領袖克里斯多的政治主張相貫連起來。克里斯多自稱深受史特勞斯的影響,而他的新保守主義主張是八○、九○年代主導美國共和黨的主要意識型態。卓瑞對於克里斯多政治主張的介紹,可約略歸納為下面四個政策、兩種手段。這四個政策分別為:

(一) 對於宗教的重視

具體來說,譬如贊成學校應規定祈禱時間、反對墮胎、反對同性戀者、學校課程應安排教導「創世紀」的課程等。克里斯多對於美國建國之父最遺憾的地方,就是認為他們受到當時世俗主義的影響,沒有將宗教視為立國的根本精神。他重視宗教對於人民的重要性以及有助於穩定社會秩序的觀念,而這是來自於史特勞斯對於「虛無主義」弊端的觀點。克里斯

多承繼史特勞斯的觀點，認為現代宣稱「上帝已死」，造成社會中的虛無主義，導致人心的不安，擾亂社會秩序，因此一定要有一個強而有力的宗教支撐。

（二）肯定資產階級的精神（bourgeois ethos）

克里斯多主張的新保守主義，其「新」（neo）的意涵，在於它不同於過去的保守主義支持封建社會，反對現代資本主義自由市場的主張。「新」保守主義則接受現代資本主義的經濟體系，認為這是彰顯人類勤勞、節儉、努力不懈、節制等美德。一個社會的財富、地位分佈，幾乎總是呈現鐘形曲線，亦即常態分佈的圖形。他將資本主義自由競爭下的結果，視為這種曲線最好的說明，社會地位高、財富多的人正因他們「德性」的表現，所以理應享有他們應得的報酬，政府不應以公權力剝奪。落實為具體政策，就是新保守主義在經濟上主張反對政府的公權力的干預，主張「自由放任」，一切交由市場決定。卓瑞認為此處的核心概

念，其實是爲了合理化「社會中的階層性」，人
有高低之別，而這種高低又是人的「德性」所
造成的，她認爲這正呼應了史特勞斯對於社會
結構的觀點。

（三）主張國家主義（nationalism）

　　克里斯多承繼史特勞斯對於現代人性、理
性觀的批判，他們認爲啓蒙運動以來，以人類
的自利心作爲理性，而這種自利心是無法要求
人們爲了社群的生存，而犧牲他們的生命。換
句話說，現代的理性觀無法支撐一個社群的安
全，隨時都有可能因外在的敵人而內部四分五
裂。因此，克里斯多認爲唯有靠國家主義與宗
教的力量，才能維繫社群的安全。他並認爲國
家主義不僅是講求國家安全，更重要的是開創
出整體國家的未來，譬如美國對於人民的訴
求，不是僅侷限於本身國家的防衛，而是要成
爲世界的超級強權，這在具體政策上，譬如對
於過去的越南戰爭、美國與蘇俄對抗等，新保
守主義認爲應採取強硬的態度。

（四）重視家庭價值

　　克里斯多提出家庭價值的重要性，主要是著眼於反對婦女和性的解放，認為女性應以家庭為重，從事家事、生育和教養孩童的工作。但他從未將矛頭指向男人，沒有反對男人的性解放，也未要求男人進入家庭，將「男主外，女主內」的舊有社會模式視作理所當然。卓瑞認為克里斯多與史特勞斯皆是對女性歧視，認為女性天生在能力上、德性上就是次於男性。⓮

　　至於讓新保守主義得以成功的兩種手段，是指「民粹主義」（populism）與「觀念改造」。卓瑞認為克里斯多繼承史特勞斯以「民主政治」批評「自由主義」的策略，認為現代社會中「一般人民的常識」遠比自由主義者的理念好，一般人民仍然尊重傳統、重視宗教、遵守社會既有習俗，而不像自由主義者只會造成虛無主義。因此，克里斯多推崇、讚美、阿諛一般人民，鼓勵他們發揚現存的傳統觀念，告

訴他們新保守主義正是傳統美德的最佳代言
人。但這並非說克里斯多是「反知識」的，卓
瑞認爲相反地，克里斯多繼承史特勞斯「觀念
對於世界改造」的預設，認爲幾位思想家就可
以主導整個人類歷史的演進。因此新保守主義
著重於對美國建國精神的重新詮釋，一旦人們
相信他們的說法，整個美國就被賦予新的面貌
與精神。

　　最後，以卓瑞作的一個簡單的小結，說明
史特勞斯與新保守主義間的關係：

> 簡單地說，新保守主義是史特勞斯的遺
> 產。它回應了史特勞斯哲學中的重要特徵
> ——宗教在政治上的重要性、國家主義的
> 必要、虛無主義的語言、危機意識、敵友
> 的區分、對女人的憎惡、拒絕現代性、對
> 過去的嚮往、對自由主義的厭惡等。新保
> 守主義已經成功地成爲共和黨的主要意識
> 型態，它希望依其理念重新改造（remake）
> 美國（1997: 137-78）。

　　德佛俊將史特勞斯學派視為新保守主義的
重要理論根據，並認為許多保守主義理論家的
主張，其實都可以在史特勞斯學說中找到相關
連性。以下列出德佛俊所整理出的新保守主義
三點重要主張，然後扼要說明德佛俊認為與史
特勞斯學說的相關性。

1.偏向以地方而非中央的實際政治組織。
2.尋求建立一個增加、支持而非排擠個人
　自由的政治和社會道德。
3.倡導積極性的外交政策，並主張在對外
　政策上，增加行政權亦即總統的自主權
　與權限範圍。

　　德佛俊的解釋是，第一點著眼於史特勞斯
對於「政體」的觀點以及對「小而封閉」
（small and closed）社會的贊同。這是一方面認
為政體對人的影響很大；一方面認為此處的政
體的範圍不能過大，成員性質應該接近，否則
成員間會無法互相信任，就無法成為一個相互
負責的政治秩序。所以相應於此，保守主義主

張偏重於地方性的政治組織，而中央僅就整體
國家利益、國防上負責。

第二點的主張，是強調透過政府、社會的
力量，保障個人的權利不受侵犯。德佛俊指出
此處是回到洛克的傳統，而有別於現代實用主
義（pragmatism）式的民主，否定社會力量，
只強調個人權利。雖然，此處的主張仍屬於現
代性的範疇，只是程度上的不同。德佛俊的解
釋是史特勞斯的著眼點是哲學上的，因此他可
以高談柏拉圖、蘇格拉底、亞里斯多德等古典
思想家的觀點；新保守主義者則必須面對現實
的美國社會，從現實政治回溯到與美國立國精
神的關連性。不過，德佛俊認為史特勞斯仍提
供了一個很好的理論典範（theoretical
paradigm），史特勞斯回歸古典政治哲學的精
神，新保守主義回歸立國精神，並且視政治哲
學同時是一種政治訴求，向政治家與社會大眾
傳達一個理想社會的規範。

而第三點，德佛俊似乎有些牽強，他認為
「國家安全的目的不是一種古典德性，但是它可

以讓哲學家追求沈思的德性。就如同史特勞斯
所說的，哲學家的基本政治目標是爲了保存哲
學」。他從爲了確保哲學家的安全推到國家安全
的重要性，他並指出史特勞斯認爲政治的基礎
在權力與組織，而非抽象的眞理，這在國際政
治上尤其明顯。因此，新保守主義主張在對外
關係上，應讓行政權能有較大的自主性，而不
應處處受到干預，否則無法適應現實的國際政
治（1994: 75-7）。

　　總結來說，若將史特勞斯學派的政治主張
與「史特勞斯計畫」內容劃上等號，我們可以
發現史特勞斯的政治主張，落實而言是「新保
守主義」。在政治哲學、理論的觀點上，我們可
以贊同史特勞斯對於哲學的界定與政治生活的
觀點。可是當具體落實於政治生活中時，卻又
令人難以接受「新保守主義」的觀點。譬如國
家主義無助於人類和平；低估女性的力量，這
似乎是他從古典政治哲學得來的偏見，是當前
道德觀所不容的，也是違反人類的自然事實；
宗教進入政治生活，只會增加政治的衝突性；

主張社會的階層性，容易加深現有的不平等，許多人的生命意義，在自然秩序的理念下，遭到剝奪或是否定。

　　這種落差感，應是來自於政治生活的「不可確定性」與「邪惡」。哲學沈思或理論可以是一套合邏輯、條理一貫、面面俱到的主張，可是政治生活卻是充滿突發性、甚至邪惡性（譬如貪婪、權力慾、嫉妒、暴力、金錢等）。我們可以歌頌一個言說中的理想城邦，可是我們卻會害怕單一化價值秩序的現實社會，因為沒有人能保證這個單一化的價值層級是正義的化身，一旦邪惡的權力披上正當化的外衣，將是造成多少人民苦難的來源，這似乎在二十世紀共產主義、法西斯主義的政權下，已經得到很好的教訓。

　　但若以上述的觀點批評史特勞斯，似乎不是很公平，因為史特勞斯並非沒有注意到理論與現實的差距。相反地，他學說中的一個重要觀念就是「政治生活的侷限」。所以這裡的問題，有一個很弔詭的地方。以下先列點將史特

勞斯的主張說明清楚：

1. 史特勞斯針對現實政治問題——現代性
   危機，或說失去價值判準的虛無主義，
   他提出「恢復古典政治哲學」，試圖以
   「古典自然權利」、「最佳政體」為標
   準。

2. 史特勞斯又點出「古典政治哲學」的深
   層意涵，是指「政治生活的侷限」，所以
   「古典自然權利」、「最佳政體」並不能
   直接搬到政治生活當中，而必須採用一
   些特別的方法。

3. 所謂特別的方法似乎就是讓「少數人」
   認知「古典自然權利」、「最佳政體」的
   精神。然後透過這些少數人，將上述兩
   種標準試圖以實踐智慧、中庸之道的方
   式在政治生活中實行。

因此，弔詭的地方在於史特勞斯縱使認知
「政治生活的侷限」，但並不表示史特勞斯放棄
在政治生活中實踐，而他只是將「實踐者」鎖

定。他認為透過「人文教育」的方式可以培養出有利於政治秩序的少數「仕紳」或說「菁英」。可是問題似乎也出在這，這些少數菁英真的能超越「政治生活的侷限」嗎？他們真能如史特勞斯所望，不僅有助於自由民主政體的穩定，並且能保障哲學家追求真理，達成人類的可完善性嗎？

　　當前一般人皆會恐懼「少數菁英」的弊端，認為「權力使人腐化」，即使再好的人，也容易因「大權在握」，而失去了分寸。因此，儘管史特勞斯在理論上，一再強調這些人的優越性與實踐的中庸之道，但這些都很難獲得共鳴。尤其從史特勞斯的觀點，這些少數菁英是受過古典政治哲學的薰陶，而薰陶的標準內容又是「史特勞斯學派的詮釋」（因為原作者的意涵只有一種，而只有依史特勞斯學派的方法才能讀出祕傳式教義），所以這種主張的侷限性、派系色彩很大，不太能成為一種普遍適用的政治主張。

五、小結

在第四章的小結時，我們曾指出從史特勞斯的文本上來看，他最終推崇的是哲學生活，因此基本上應是「非政治的」。而在本章，卻是從實際政治上的「史特勞斯學派」反推回來，亦即從史特勞斯是「政治的」來介紹他的學說。這兩個看似矛盾的觀點，起因於著眼的角度不同，若將兩個角度結合起來，認爲這是史特勞斯「從政」方式特別之處。他本身並不參與政治，沒有提出一套具體的政治理論，也甚少對特定時事作評論，而他影響政治的方式是透過「人文教育」，培養一群「貴族」，進而試圖達到他對理想政治的實踐。

本書從現代性危機、古典政治哲學、對自由民主批判，一直到「史特勞斯計畫」，總結來說，史特勞斯的核心主張是在「民主政治中培

養出貴族」。史特勞斯首先彰顯現代性危機的弊端，指出虛無主義對於社會秩序的破壞，吸引年輕人的注意。進而他指出古典政治哲學能提出一套良好的價值標準，但他並未直接說明，而是透過廣泛地詮釋古典政治哲學家、現代政治哲學家的作品。這應是史特勞斯引領年輕人朝向哲學生活，或說是進行「人文教育」的方式。

史特勞斯從這些經典作品之中，進而指出政治生活的侷限以及哲學生活的快樂，但也同時指出政治生活的必須。因此，當這些年輕人領略到哲學的快樂時，也必須對於政治生活進行改革。史特勞斯賦予這些年輕人神聖的使命：為了人類德性的完滿，讓人之為人，以中庸的政治手段，使得整個社會朝向德性的目標，這些即是史特勞斯的政治理想與他所採取的方式。

這裡可以明顯看出史特勞斯承繼古典政治哲學的觀點，認為政治哲學本身也是一種「政治技術」（political skill）（PPCOT: 227; WIPP:

10），所以史特勞斯認為政治哲學的真正意涵，就不是僅侷限於舊紙堆中的整理、詮釋，而是具體落實在政治生活當中。

因此就政治哲學的意義與使命的實踐面來說，我們可以看到史特勞斯對於現狀的批判，他像蘇格拉底一樣，是城邦中的牛蠅、助產婆，時時刺激我們思考當前自由民主體制的弊端；也引領我們朝向追求真理的生活。因此，政治哲學不只是一種理論，而是可以具體實踐的生活方式。史特勞斯在這一方面，可以算是相當成功，史特勞斯學派的出現即說明了史特勞斯政治哲學實踐的成果。

但是較為可惜的是，史特勞斯「學派」，終究只是一個「學派」，一群秉持史特勞斯信念的人。這不僅如前文提到無法為一般大眾接受，而且這種主張也是違反當前時代潮流，晚近民主政治的發展，是越來越將權力下放，並且主張政治程序的公開化、透明化。史特勞斯試圖透過祕傳的方式，培養少數菁英改造社會，這是令現代人難以接受的方式，這也難怪史特勞

斯及其學派，會受到許多「激烈」甚至「惡毒」
的攻擊。

注釋

❶認為史特勞斯及史特勞斯學派是反民主的，譬如有Rorty
　（1988）、Kateb（1995: 38-43）。史特勞斯學派的辯護則可
　見Bloom（1974: 374）; Gildin（1987）; Mansfield（1988）;
　Behnegar（1995: 251, 259-65）。

❷有關自由主義的特徵，可參見江宜樺（1998: 99-106）。
　該文以個人權利、多元寬容、立憲政府、國家中立、私
　有財產、市場經濟等作為自由主義的重要特徵。

❸卓瑞亦認為史特勞斯對「自由民主」的觀點，應將自由
　主義與民主政治分開，她認為史特勞斯的策略是推崇民
　主政治而貶抑自由主義，試圖爭取一般人的支持（1997:
　16）。筆者認為在史特勞斯的文本中，並非如卓瑞所
　說，是以民主政治取代自由主義，在下文分點介紹時，
　會作進一步的引證。筆者認為史特勞斯是以「古典民
　主」、「古典自由主義」批判「現代自由主義」、「現代
　民主」。

❹有關自由主義建構政治社群的問題，可參見林火旺，
　〈自由主義可否建立一個社群？〉；蕭高彥，〈愛國心
　與共同體政治認同之構成〉等篇，收錄於陳秀容、江宜
　樺主編《政治社群》，（台北：中央研究院，1995）。

❺在「現代性計畫」之後，一般會稱為「後現代計畫」，
　可是史特勞斯卻又是從一般認為的「前現代」──古典

來著手，再加上學者卓瑞認為史特勞斯的古典又非真正的古典，以卓瑞的話，「是透過尼采來詮釋柏拉圖」（1988: 70-81）。因此在「後現代」、「前現代」不明確的情況下，筆者就直接稱為「史特勞斯計畫」。

❻此處的預設，是認為「史特勞斯學派」承繼史特勞斯的主張，這也是許多學者的預設，譬如Kateb (1995: 38-9); Drury (1988; 1997); Devigne (1994); Rorty (1988)。

❼在一篇訪問稿中，採訪人對於一位史特勞斯學派A. Bloom的學生David Brooks（新保守主義者）的一句描述的話，頗能點出史特勞斯學派閱讀原典與實際政治的關係，採訪者指出：「Brooks將偉大的經典視為通往實際政治之路（gateway）」，見Atlas (1995: 62)。

❽Richard Bernstein, "A Vert Unlikely Villain (or Hero)," *New York Times* (January 29,1995),p.E4. 轉摘自Drury (1997: XI)。《與美國締約》是在1993-4年，共和黨為94年11月眾議員期中選舉，所作的政黨政策訴求。這主要是一種政策宣示，包括平衡預算、防止犯罪、改革福利政策、加強家庭角色、增加國防、刪除政府干涉、推動法令改革、減稅等主張。詳細內容可參見Ed Gillespic & Bob Schellhas, eds., *Contract with America: The Bold Plan by Rep. Newt Ginrich, Rep. Dick Armey and the House Republicans to Change the Nation.* (New York: Radom House, 1994)。

❾Wood所列出的名單有W. B. Allen, W. Berns, D. Broyles, J. Cropsey, M. Diamond, R. A. Goldwin, C. R. Kesler, W.

Kristol, R. H. Horwitz, R. Lerner, G. L. McDowell, W. C. Mcwilliams, H. Mansfield, Jr., T. Pangle, H. J. Storing 等人。

⑩在1998年，台北，圓神出版社出版。該書是收錄許多西方古今有關德性的小故事，該書主旨是希望人們，尤其是孩子，透過閱讀這些故事，培養出良好的品德。

⑪見 *Time* (June 17, 1996), p. 43.

⑫見Dunn & Woodard (1991: 4-5); Nisbet (1992: 119)。

⑬Dannhauser則認為史特勞斯的觀點並非僅侷限於右派，雖然他承認史特勞斯學生中右派居多，但他指出左派觀點並不會與史特勞斯完全相衝突（1990: 437-8）。

⑭史特勞斯對於女性的歧視，主要是以他詮釋原典時所站的立場，見Strauss (1966:272, 278); RCPR: 113-4, 247。

第六章
史特勞斯政治哲學之檢討

　　本章標題稱爲「政治哲學」，而不稱爲「政治思想」、「政治思想史」或其他名稱，主要是從史特勞斯觀點來看。雖然他的著作大都以政治思想史的形式出現，但他強調，他所做的是歷史性的「哲學探究」，歷史的理解只是一種手段，重點是對於「永恆問題的探索」（WIPP: 56-7）。並且，本書的重要主軸，也在於史特勞斯試圖恢復（古典）政治哲學的問題上，因此稱作「政治哲學」應是恰當的。但從另外一個角度來看，史特勞斯認爲眞理是被發現，而不是被創造的，他所做的只是「恢復」（古典）政治哲學。而此處稱爲「史特勞斯」的政治哲學，已經預設了這是史特勞斯的一家之言，應是有違他的觀點，但似乎是較能爲一般所接受的標題。

　　本章是檢討，共分作三節，第一節主要是針對史特勞斯的祕傳性、公開性寫作方法與實質教義內容，作進一步討論；第二節是針對三、四章所對比的古典、現代之別，比較兩者的差異，以「古今之爭」的觀點，討論兩種學

說的利弊；第三節，則是針對第五章，史特勞斯對於自由民主批判，以及所提出方案之利弊作討論，並將焦點放在史特勞斯對於「自由民主」與「德目層級社會」的觀點上。

一、公開性、祕傳性教義

在剛接觸史特勞斯的著作時，一直困惑於他所提出「祕傳性寫作」的問題。史特勞斯在詮釋原典時，提出許多原則和方法，而且他也似乎暗示讀者在讀他的作品時，應採取這些方法來解讀他的作品。❶所以花了許多時間試圖理解他的方法，套用到他的作品上。但如上文曾提到，這種嘗試並不成功，譬如不太知道「矛盾」處是自己的誤解、不解，還是史特勞斯刻意的安排；不知道何時是史特勞斯的「沈默」，而且這種沈默所傳達的訊息又是什麼；不知道史特勞斯的「假名」、「逐漸顯露」、「模

糊的關鍵字」、「奇怪的數字」……等何時出現，以及各自所傳達的「言外之意」又是什麼。

因此，只能採取一般的閱讀方法，儘量的仔細閱讀以及參照二手文獻的幫助，試圖理解他的學說。但既然史特勞斯區分「公開性」、「祕傳性」教義，似乎就必須找出他的「公開性」、「祕傳性」教義分別為何，否則很可能只是圍繞在他的公開性教義上，不能探其究竟。

因此，在這一節主要希望討論兩個問題：首先是純粹方法上的問題，對於史特勞斯區分公開性、祕傳性教義的詮釋方法，作進一步的討論；其次，試圖回答史特勞斯自身學說的「公開性」、「祕傳性」教義。不過，前文已表明不太能夠依史特勞斯的閱讀原則，解讀他的祕傳性教義，只有試圖以其他方式，找出可能的解答。

(一) 方法上的討論

先簡述一下史特勞斯的閱讀原則。首先，

史特勞斯認為「文本」的唯一正確詮釋就是原
作者的意圖，讀者所做的努力，就是讀出作者
的真正意思。其次，史特勞斯指出，因為政治
與哲學的相衝突，所以古代許多哲學家皆以
「公開性」、「祕傳性」的寫作方式表達出他們
的主張，前者是供一般人閱讀；後者則是給少
數哲學家或是具哲學潛力的年輕人閱讀。因
此，史特勞斯認為要解讀出這些哲學家的作
品，就必須懂得如何讀出「言外之意」。他提供
了一些具體的方法，譬如文章中有故意出現的
矛盾、錯誤、沈默等，他認為這些就是古典哲
學家在傳達祕傳性教義的徵兆。

　　我們將上述的閱讀原則，分為兩個部分進
行討論，依次為「是否能得知作者的真正原
意」？如果能，那麼「讀出『言外之意』是否
為一種好的解讀方式」？以下分點作討論：

1.能否得知作者的原意？

　　史特勞斯認為讀者有可能讀出原作者的真
正意涵，他並認為原作者的意涵是原典唯一正
確的詮釋。他指責歷史主義者，認為「這些人

自以為比過去偉大的哲學家還要聰明」，自以為從現代的角度，就能比古代作者更了解他們作品的時代意義，能讀出經典的歷史侷限性，史特勞斯認為這是沒有認清原典作品的真正意涵與價值。

伽達瑪則不贊同史特勞斯此處的觀點，他認為我們不可能得知原作者的真正意涵，甚至他認為，所謂的真正意涵根本不存在。他的哲學詮釋學基本命題：讀者「應該比作者本人對自己的理解『更好地』理解作者」，就與史特勞斯的主張相衝突。以下約略整理出伽達瑪對於史特勞斯的兩點批評：

第一，史特勞斯認為讀者應探求出作者的原意，並認為作者原意是唯一正確的詮釋。伽達瑪指出這是未認清詮釋的本質與低估這種理解的困難。首先，伽達瑪對於詮釋的看法，他認為詮釋脫離不了歷史，人類都是在一定的時空背景下進行理解，而這種「『歷史的』理解沒有任何特權，無論對今天或明天都沒有特權。它本身就被變換著的視域（horizons）所包圍並

與它一起運動」。因此，古代經典的作者並未擁有對他作品的唯一詮釋權，每一個讀者都能對作品進行再詮釋，伽達瑪認為：「理解不只是一種複製的行為，而始終是一種創造性的行為」。因此，對伽達瑪而言，詮釋的本質不是找出原作者的真正意涵，而是讀者從不同時空、視域中，獲得新的意義與啟發。

其次，伽達瑪指出一個寫作上的真實經驗，他認為就連原作者都無法對自己的作品，從頭到尾持有一致性的解釋，更何況是讀者。因此，伽達瑪認為史特勞斯是低估了探求作者唯一原意的困難。

第二，伽達瑪指出史特勞斯一方面批評「幼稚」（naive）歷史主義；可是另方面卻又與這種歷史主義同樣受到啟蒙運動的影響，認為「『現代』能夠了解全部的『過去』」。這種被指為「幼稚」的歷史主義，認為「現代」因為在「過去」之後，因此「現代」在歷史事件的發展上具有優勢，能以「後知後覺」的地位了解「過去」的變遷以及時代侷限。史特勞斯的批評

在於「現代」歷史學者，是以「現代」的角度來理解古代，與其說「現代」具有優勢，倒不如說是「現代」的偏見。史特勞斯輕蔑的表示：「現代歷史學者自以爲比過去的偉大哲學家還要聰明」。可是，伽達瑪指出，史特勞斯仍然認爲「現代」有可能完全了解過去，「我們能讀出作者原意」，而這種想法伽達瑪認爲是與「幼稚」歷史主義的主張相同，他認爲兩者皆受到啓蒙運動的影響，認爲「現代能完全地了解過去」。因此，伽達瑪認爲史特勞斯與他所攻擊的「幼稚」歷史主義其實具有同樣的預設立場。（1984: 307, 482-91）。

我們可以看出，就第一點批評，伽達瑪與史特勞斯對於詮釋的觀點，似乎有本質上的差異。可是，在實際的運作上，兩者應只是程度上之別。伽達瑪雖然強調讀者能對作品重新詮釋，但他也一定不會因此認爲讀者對於作品可以任意解釋，倘若如此，讀者自行發揮即可，又何必藉助於文本呢？伽達瑪對於詮釋的著名觀點，是強調「視域融合」（fusion of

horizons），讀者本身有一定的歷史侷限，有一
定的視域；作者也有他的歷史侷限、視域，兩
者之間不可能完全一致，但讀者可以透過相互
理解的方式，擴大自己的視域，試圖體認、了
解原作品的觀點，然後結合本身的認知，而獲
得更豐富的意涵。因此，伽達瑪只是點出讀者
讀出作者原意的困難，但並非因此就不重視文
本的恰當理解。

第一點批評的另一個觀點，認爲作者都不
能對自身的作品始終保持唯一的詮釋，又如何
能要求讀者呢？相信就一般人的經驗如伽達瑪
所言，不太認爲我們會對自己的著作始終保持
唯一的解釋，但我們不能就此認定偉大的人亦
會如此，說不定因爲他們與衆不同的智慧，他
們必然地、明確地、適當地做出自己唯一、不
變的主張。簡言之，我們與這些偉大的人不同
類，無法憑自身經驗判斷。❷

其次，就第二點的批評，史特勞斯的確認
爲現代有可能完全理解過去，但是他強調的是
「現代」必須試圖回到「過去」，來理解「過

去」，而這是與幼稚歷史主義有關鍵性的不同。
伽達瑪不應看到兩者的部分相同性，就試圖指
出史特勞斯的自相矛盾，認爲他一方面批評幼
稚歷史主義；另方面又持相同的主張。這是模
糊了焦點，有失公允的批評。

　　綜合上述的觀點，「是否能夠探求出作者
原意？」這個問題的實質答案並非能夠輕易回
答，這裡關係到對於詮釋、理解、歷史、哲學
等不同的預設。而就策略性的考量，史特勞斯
認爲我們應儘可能的理解作者原意，希望我們
不要喪失了聆聽偉大聲音的機會，這是一種虛
心學習的態度。所以史特勞斯的主張，是具有
教育意義在其中，要我們認眞地看待偉大經典
的智慧。當然，持反對意見的，也可以有其好
處，譬如可避免獨斷、教條式眞理的出現。這
策略上的兩相取捨，恐怕也是見仁見智的判
斷。

2.「『讀出言外之意』是否是一個好的方法？」

　　這問題的預設，是先肯定我們有可能讀出
作者原意，否則就不用讀出「言外之意」了。

這裡是關係到解讀的方式，此處以政治思想史研究中，劍橋學派（Cambridge school）❸的史基納（Q. Skinner）與史特勞斯作簡單的對比。

史基納亦認為我們應追尋作者的原意，相信作者的原意是客觀的存在，可以透過特定方法得知，這與史特勞斯的觀點是相同（但我們需注意到，史基納的目標是還原歷史真相；史特勞斯追求真相，則是為了哲學的目的）。而史特勞斯認為思想家使用祕傳式寫作，要了解真正意涵，只有採用「讀出言外之意」的方式；史基納則認為我們要了解作者的意圖，就需「研究當時社會所存在的語言慣例（contemporary linguistic conventions），以便了解作者為何使用這些文字及這些文字可替他執行哪些功能」。因此對史基納而言，「詮釋即是系統化地研究所謂的『慣例的傳統』（traditions of conventions）」（陳思賢, 1989: 13-7）。

史基納從語言慣例的研究出發，是否勝於史特勞斯的主張？學者朱克特（M. P. Zuckert）認為就算史基納對語言慣例作研究，但他也不

可否認作者在著作中的主張。朱克特舉例說
明，他從史基納對於馬西略（Marsilius）的研
究，指出史基納不能因為「權力分立」的語言
概念出現在馬西略之後的兩百年，就因此能必
然認定馬西略不會有權力分立的主張。朱克特
指出概念往往是漸進的，最終的判準應在著作
本身，而非外求於語言的慣例（1985: 407-9）。

　　至於史特勞斯的方法，伽達瑪倒是一針見
血地提出了三點批評。首先，他指出政治迫害
哲學只是一種罕見的極端例子，其實思想家的
大部分主張都不會因此而受到扭曲；其次，伽
達瑪認為「針對事物所進行的談話，其本質就
是能容忍非邏輯的東西」，因此，史特勞斯認為
文本中的矛盾就是思想家傳達祕傳之處，是未
能釐清談話的本質；最後，伽達瑪指出強調這
種閱讀方式，會將思想家作品「混亂的情況認
作既存的事實」，徒增理解的困難（1984: 458-
9）。

　　我們可從兩個層次來看祕傳式寫作的問
題：首先是可能性。祕傳性寫作並非沒有可

能，這在許多不同的時空背景下亦有相類似的
主張。譬如中國的《漢書》〈藝文志〉曾提到：
「春秋所貶損大人當世君臣有威權勢力，其事實
皆形於傳，是以隱其書而不宣，所以免實難
也。及末世口說流行，故有公羊、穀梁、鄒夾
之傳。」。又如希臘的基督徒，猶太教徒、伊斯
蘭教徒皆有區分祕傳式、公開式教義的教派，
有的是為避免違背當權者，有的是認為教義本
身不是可以輕易描述的，需透過沈思、神祕經
驗才能獲得（Armstrong, 1996: 199-201, 298-
9）。甚至晚近歷史學者余英時以史學大師陳寅
恪「詩文釋證」的方式，解讀出陳寅恪在詩文
中隱藏的政治觀點。❹這些似乎都可說明，
「政治迫害」是人類普遍的生活經驗，因此祕傳
性寫作應是相對應的可能寫作方式。

　　其次，讀出「言外之意」是否為一種好的
詮釋方法？這恐怕是因不同思想家、不同主張
而異，似乎很難一概而定。史特勞斯及其弟子
們採用這種方式解讀原典，認為他們能得出原
作者的真正意涵，但同時也遭到許多其他學者

的批評，這些例子不勝枚舉。持平而論，這種
「讀出言外之意」的方法，應有以下三點好處：

第一，能助於我們解讀過去思想家一些看
似明顯矛盾、錯誤的地方，而推導出一些更深
層的意涵。

第二，讓讀者對於原典的主張，保持警覺
性，不會照單全收。

第三，鼓勵讀者詳讀原典，因為要指出文
本中的錯誤、矛盾以及其他祕傳性的徵兆，必
須非常仔細的閱讀，這有助於讀者對於原典的
真正認識。

至於這種閱讀方法的弊端，除了伽達瑪的
批評外，這種方法還容易導致讀者自行建立出
「言外之意」。因為「言外」即是空白之處，這
幾乎是讀者任意揮灑的空間。這也是一般對於
史特勞斯作品的批評，認為他讀出的「言外之
意」往往只是一種「荒謬的巧妙詮釋」，並不真
能代表原作者的意涵。❺

（二）實質學說的推測

　　本篇論文的焦點是在於史特勞斯對「現代
性危機」與解決之道的觀點，而這其中史特勞
斯的公開性、祕傳性教義各是什麼呢？在試圖
回答之前，希望先提醒讀者，祕傳性教義並非
就是公開性教義的相反，否則也就沒有什麼祕
傳可言。祕傳性教義應是公開性教義「言有未
盡之處」，兩者不見得相衝突，甚至可能是相輔
相成。以下先介紹二手文獻的解讀，看看其他
的學者所理解到的史特勞斯祕傳性教義爲何。
然後，試圖提出自己的理解，這裡主要是從史
特勞斯的閱讀原則以及史特勞斯學派的現象，
作爲解讀的方法。

　　藍柏特認爲史特勞斯〈何謂政治哲學〉一
文中，公開性教義是在比較古典與現代政治哲
學；而祕傳性教義是指出「愛自身」是現代政
治哲學的特徵，而「愛善」則是古典政治哲學
的目標。藍柏特認爲史特勞斯是以祕傳或較委
婉的方式表達，否則不易爲一般人接受（1978:

45-6）。

　　羅森（S. Rosen）則指出一般認爲史特勞斯是維繫古典自然權利的保守主義者，其實這只是看到史特勞斯的公開性教義。他認爲史特勞斯的祕傳性教義是：「在他能力範圍下，他希望創造一個同時適合哲學家與非哲學家共同居住的世界」。這種政治上的開創，絕非是一般意義的保守主義，史特勞斯是靠培養出一群「傑出的門徒（a "pleiade" of disciples）實行這實際的工作」。另方面，羅森也注意到，史特勞斯相當弔詭地「公開」討論「祕傳性」教義與解讀方法。羅森認爲這是史特勞斯因應於他所處的後啓蒙時代，一切學說、主張表面上皆可公開的討論（實際上卻是輕視、貶低特定的主張），而提出的傳達方式。因此，這並非是史特勞斯的矛盾，而是史特勞斯因應於他的時代，所提出的恰當引介祕傳性教義的方式（1987: 125）。

　　卓瑞的《史特勞斯的政治觀念》一書，幾乎整本就是以解讀出史特勞斯的祕傳性教義爲

主軸。卓瑞從史特勞斯對於祕傳性教義的觀
點，進而指出史特勞斯本身著作也是隱藏了祕
傳性的教義。卓瑞特別注重史特勞斯下面這一
段話：

> 一些偉大的思想家，會使用著作中不名譽
> 的角色，作爲他公開地表達自己眞正意見
> 的管道，他們也會故意地表現是如何地不
> 贊同這種觀點。這即是爲什麼，我們在過
> 去的最偉大的作品中，會看到有這麼多有
> 趣的邪惡者、瘋子、乞丐、辯士、酒鬼、
> 享樂主義者和吹牛者（PAW: 36）。

卓瑞認爲史特勞斯其實是假借書中所批判
的人物，譬如色拉敘馬霍斯（Thrasymachus）、
馬基維里等人傳達他的眞正教義。簡單地說，
她認爲史特勞斯贊同色拉敘馬霍斯和馬基維里
對於政治和道德間關係的描述，「正義是強者
的利益」、「道德標準是建立在政治社會之後，
而政治社會又往往是以不道德的方式建立」。而
史特勞斯對於哲學家的觀點，其實也等同於快

樂主義式的色拉敘馬霍斯主義（hedonistic Thrasymacheanism），認爲追求哲學本身無關乎正義、道德，而只是哲學家因自身的愛欲（*eros*）、自身的利益而從事哲學。她指出史特勞斯又支持這些超乎道德的哲學家，因爲握有眞理與知識，所以理應對這社會進行統治。不過因應於現實環境的考量，哲學家倘若無法成爲統治者，亦可作爲統治者的顧問，以直接或間接的方式統治這個世界（1988: 75-89, 117-8）。

　　就目前所讀到的二手文獻，並不是有很多學者直接點出史特勞斯的祕傳性教義。相信這主要是因爲史特勞斯學派的成員本來就不會，也不應將史特勞斯的祕傳教義公開說出，這是他們彼此之間的「密而不宣」的共識；至於非史特勞斯學派的學者，願意非常仔細閱讀史特勞斯著作，進而從文本的矛盾、沈默、模糊關鍵詞等，提出史特勞斯祕傳教義的學者並不多見。上述羅森和卓瑞談及史特勞斯的祕傳性教義，其實都環繞在兩個焦點上，其一是史特勞

斯區分公開性、祕傳性教義的預設；其二是對
於史特勞斯學派出現的解釋。以下依筆者自己
的理解，來說明如何從這兩者解讀出史特勞斯
的觀點。

　　探究史特勞斯的「公開性」、「祕傳性」教
義分別為何，其實有一個更直接可討論的觀
點，就是作出這種區分的「預設」。為什麼有些
觀點只能以祕傳性教義的方式出現？這些觀點
具備了什麼特色？史特勞斯為什麼認為這些觀
點必須隱藏起來？

　　其實我們可以發現回答上述的問題，就能
約略勾勒出祕傳性教義的特徵。上文曾提到，
採用祕傳性教義的傳達方式，主要是因為害怕
哲學真理可能會傷害到社會的穩定秩序以及哲
學會遭到政治的迫害。以下分點對上述兩個原
因作進一步的討論，希望能藉此說明祕傳性教
義的特色：

　　1.稱為「祕傳」，是因為祕傳性教義的對象
　　　是少數人，而非一般大眾。

2.祕傳性教義傳達的是「哲學眞理」，結合
　上一點，亦即只有少數人能接受到「哲
　學眞理」。

3.祕傳性教義會傷害穩定的社會秩序，依
　史特勞斯的解釋，他認爲社會秩序的主
　要維繫力量是在於道德和宗教，而此兩
　者的穩定運作皆來自於人們的信念。史
　特勞斯認爲祕傳性教義會破壞這些人們
　的信念。換句話說，史特勞斯認爲祕傳
　性教義就算不是不道德、無神論，也是
　超越道德、超越宗教的哲學眞理。換言
　之，祕傳性教義的特色在於超越特定社
　會的道德、宗教，超越這些人爲規範的
　侷限，而對於隱晦難知的宇宙整體，追
　求更深、更眞、永恆的自然本質。

4.由上一點，可以知道祕傳性教義所傳達
　的眞理是有害於現存社會的穩定秩序，
　因此現存的政治權力爲了秩序的安定，
　會因而迫害哲學眞理的追求。換言之，
　祕傳性教義的內容是不爲現存的政治體

制所接受，現存的政治權力會進而否
定、破壞祕傳性教義所欲傳達的真理。

5.總結來說，祕傳性教義是由少數人持
有、超越現存道德與宗教的規範，並且
與政治權力相衝突。

6.我們從自由民主的角度，來思考祕傳性
教義可能的主張。原先一直不太能理
解，史特勞斯為何還要在自由民主體制
中強調「祕傳性教義」的必須性與重要
性。因為自由民主對於宗教、道德本來
就是秉持一種中立、超然的態度，無論
社會成員是無神、多神、道德、不道
德，只要不違反法律規範，自由民主體
制基本上並不干涉。換句話說，祕傳性
教義與政治社會之間，並沒有史特勞斯
所想像的巨大衝突性。

7.倘若真的要找出衝突性，核心點應是在
於對「平等」、「不平等」的觀點上。自
由民主尤其強調政治「平等」的德性，
這是自由民主權力正當性的來源。而祕

傳性教義不僅是在傳達的過程，甚至由此推測其內容，應都是著眼於「不平等」的觀念上。亦即，從史特勞斯對於公開、祕傳性教義區分的預設，有一個很重要的核心觀念就是肯定「不平等」，認為只有少數人才能接受哲學真理，多數人只能依社會習俗、大眾意見過活，這預設了人與人之間在認知、知識、價值判斷、政治抉擇的高低之別，違反了自由民主的基本精神。

綜合前述的推測，史特勞斯在今天自由民主體制下，所傳達的祕傳性教義應是「推崇少數菁英」，認為只有這些少數菁英才能做出恰當的政治判斷，才能成為適當的政治領導者。

另方面，「史特勞斯學派」的出現，更可以讓我們肯定史特勞斯這方面的主張。倘若沒有史特勞斯學派的出現，相信許多學者會將史特勞斯的學說僅限於原典詮釋的範圍，認為他是一位不關心實際政治發展的「政治哲學學

者」。可是正因「史特勞斯學派」的出現，並且
不僅於學術圈中，而在實際政治上也有一定的
影響力，研究史特勞斯學說的人，就開始對於
史特勞斯重新評價，再加上史特勞斯對於「公
開性」、「祕傳性」寫作的觀點，所以讓人很直
接的聯想，史特勞斯文本的「不政治」只是一
種公開性的教義，他的祕傳性教義其實正是
「培養菁英，改造這個世界」。

　　此處的預設是，史特勞斯學派「表現」出
史特勞斯的祕傳性教義，亦即當我們不知道史
特勞斯的真正意思時，我們就看他或受他影響
的人，所表現出來的「行為」。從本文來說，在
第四章時，曾指出史特勞斯對於「現代性危機」
的解決方案，是將讀者對於「此時、此地」的
問題轉為對於古典政治哲學的探究，尤其是史
特勞斯提出「古典自然權利」的標準，做為回
應現代虛無主義的方案。並指出他透過古典政
治哲學的深層意涵，是希望藉由「政治的」哲
學引導具有哲學潛力的年輕人，理解政治生活
的侷限性，轉而追求哲學真理的生活。史特勞

斯認為這種「追求真理」、「沈思生活」是最快
樂、最自足,「像神一般的生活」。可是,到了
第五章,卻又指出史特勞斯學派的許多人不是
汲汲於追求「哲學生活」,他們將目光或行動轉
向了政治生活。雖然史特勞斯表明政治生活的
侷限,但是史特勞斯學派卻願意投身於其中,
形成美國政治界的新保守主義勢力。所以,史
特勞斯的祕傳性教義正是鼓勵他的弟子們,進
入政治生活改造這個世界。❻

　　以上是從史特勞斯對於公開、祕傳教義區
分的預設以及「史特勞斯學派」的政治現象,
所推測的祕傳教義。讀者至此,可能會覺得此
處所提出的史特勞斯祕傳教義與前文第五章所
提到的觀點幾乎沒有什麼不同。這的確是筆者
在推論時,有些技窮,此處僅是以比較「陰謀」
的角度,將現狀事實的發展歸為史特勞斯祕傳
教義的展現。因此只能說此處與第五章切入的
角度不同,但所得出的結論的確是無甚大差
異。

　　有關史特勞斯祕傳、公開教義的探究,此

處僅是以大膽推測的方式，提供參考。希望日後能直接就史特勞斯的文本，透過史特勞斯所提出的閱讀方法，仔細閱讀，得到更直接的證據，甚至得到眞正的祕傳教義。

二、古典與現代之爭

　　本節檢討的焦點，鎖定在兩個問題上面。首先是史特勞斯所提出的古典自然權利能否在現代生活中適用？這是對古典自然權利與現代自然權利的比較再重新思考。在第四章小結時，曾以史特勞斯的觀點，將古典與現代自然權利作過扼要的整理。此處則希望從其他學者的觀點，以一個比較寬廣的視角，來思考這個問題。

　　其次，史特勞斯認爲古典與現代政治哲學的最大差異，在於後者放棄對於「最佳政治秩序」的追尋。換言之，現代政治哲學不再預設

有唯一、絕對的政治秩序。此處希望對現代政治哲學的主張，能從其他學者的觀點，與史特勞斯所辯護的古典政治哲學作簡單的討論。這裡是藉由當代自由主義大師以賽・柏林（I. Berlin）的〈兩種自由的概念〉一文，與史特勞斯的觀點作扼要的比較。會選擇這篇文章，這主要是因為史特勞斯曾評論過此文，他批評柏林對於自由概念的相對主義觀點，其實正是自由主義危機 (the crisis of liberalism) 的根源（RCPR: 17）。在兩相對比之下，可以發現柏林與史特勞斯對有沒有一種「整體和諧秩序的本質性存在」持不同的觀點，柏林認為沒有；史特勞斯認為有。這是他們觀點差異的一個根本預設，因此希望能作一些討論，而這也是對本書問題意識的進一步反省。

（一）古典自然權利能否適用於現代？

康斯坦（B. Constant）在區分古典自由與現代自由時，指出古典自由不再適用於現代，他主要是著眼於現代與古代在社會、經濟條件

上具有重大的差異。他認爲現代社會的最重要
特徵是商業發展，現代人幾乎皆以商業爲主要
的活動，他們「寧可盡力於私人財富之累積」，
也「不願浪費時間於政治辯論」。而古代社會的
重要特徵則是戰爭，因爲古代國小資源少，物
質、資源的取得，多只能以武力滿足需求，不
像現代可憑藉商業行爲。因此，古代社會的人
們，就時常需要參與政治、決定結盟與戰爭的
問題，這些是維繫他們基本生活的必需。

　　康斯坦提出這兩者的區別，主要是因爲在
他當時所處的法國大革命的經驗，「許多知識
份子就是因爲太迷戀古代」，將時空錯置，「要
求革命政府仿效古代的德性共和國，對人民採
取嚴苛的監督與不斷的動員，結果民不聊生，
人人活在『恐怖統治』（the Reign of Terror）的
陰影下」。因此，康斯坦認爲自由的內涵深受時
代條件的約制，有其歷史脈絡、社會基礎，而
非能夠任意的實行（江宜樺, 1998b: 35-7）。

　　「自由」的概念深受社經條件的限制，那麼
「權利」是否也是如此？江宜樺從「權利」的觀

念史指出，古代與現代對於權利實質內容的觀點，是有很大的不同，而這種不同正來自於「社會秩序的劇烈轉變」有關。古代的權利一詞，原是指涉「正確、正直的標準」，在政治社會中所表達的意涵，就是在既存的等級社會秩序中，「我應當這麼做」，「我的地位或角色要求我這麼做」。可是隨著生產工具的改變，武器的日益精進，商業行為的擴大等，平民可以憑藉財富的累積，脫離原先處於不利的地位；或是貴族因為經濟窘困，淪為社會中的低階層。如此造成「社會秩序劇烈的轉變」，原來區分社會等級的標籤，諸如貴族、騎士、平民、皇室等受到破壞。「一個人應當做什麼事就不再依附其社會地位，而是奠基於『身為一個人的單純角色上』」。因此，現代的「權利」觀，是從平等的個人角度出發，宣稱「我應當有什麼的權利」。如此，權利觀由「古代客觀性的尺度衡量就轉換為主觀性的欲求主張」（1998a: 41-3）。

那麼史特勞斯所提出的古典自然權利，能

否在今天迥異於古代社會的社經條件下適用
呢？就社會結構而言，史特勞斯提出兩個具有
階層關係的主張：其一，依照史特勞斯詮釋古
典政治哲學的觀點，他區分了哲學家、仕紳與
一般大眾，並認為此三者是具有高低秩序的統
治關係。而這種階層關係的來源，可以說是在
於「知識」，哲學家是最有知識的人（無知之
知，追求真理）；而仕紳則是分享到哲學家的
部分知識，並轉為一些確定的主張；一般平民
則應遵守上述二者的統治。其二，史特勞斯提
出「德目層級」的社會，他認為這是一個可以
普遍適用於任何社會的規範，並且這種規範只
是德目間的優先順序的排列，可以有一定的彈
性調整，以避免絕對主義的弊端。

因此，史特勞斯面對現代平等的社會，他
所提出的是以知識為等級的統治關係；以德目
為等級的價值判斷。史特勞斯指出現代社會的
問題是在於一些持價值中立的科學家、自由主
義者，試圖破壞這種政治社會本有的價值層級
共識。而一定要強調每一種觀念皆是相對的、

平等的，無高低等級的，也因此造成這個社會
的虛無主義，這就是我們「現代性的危機」。所
以，依史特勞斯的觀點，他所提出的方案是正
是解決現代平等社會的問題，而並非無視於現
代平等社會的事實。

　　有關史特勞斯對於現代社會以商業活動作
爲特徵，可以從兩個方面來看：首先第二章中
曾提到史特勞斯認爲現代社會的「經濟主義正
是馬基維里主義時代的到來」。因此，他清楚的
認知到現代社會是以經濟掛帥。但他並不因此
認爲現代社會就應放棄「德性」，而僅以財富、
貿易作爲保障人民基本生存的基礎，以爲只要
透過經濟的富足，人民自然就可以追求幸福、
快樂的生活。史特勞斯認爲這即是現代性第一
波的問題，他認爲這種現實主義的觀點，並
「不適合人類」。我們可以從晚近西方國家，尤
其以美國作爲實際例子，美國經濟極爲發達，
國民所得很高，是目前世界的第一強國。但是
就算我們不談他們國內人民犯罪率極高，販賣
毒品、色情交易、搶劫以及屢屢發生青少年持

槍掃射校園等事件，我們直接看他們的總統柯林頓（Clinton）的私生活醜聞不斷，「以欲望做為主宰」，就可以知道這種道德淪喪的可怕。

其次，我們可以注意前文兩次提到史特勞斯認為「追求自我」的兩種方式：「沈思的哲學生活」和「參與的政治生活」。史特勞斯從未將我們現代一般人視為自我實現的重要手段——努力賺大錢，視為必要方式。在一個同樣忽略「錢」重要性的一段話，史特勞斯指出「如果一個聰明的人，在談論的主題中對一般視為重要事物保持沈默，他即是要我們要了解這是不重要的事。一個聰明人的沈默總是有意義的」（TM: 30）。從史特勞斯對於人性的理解，人之為人，人的完善性本質，是「沈思的生活」、「深思後的行動」，而低層次欲望的滿足不過是一種動物性，是不足以成就自己，朝向人之為人的方式。因此，史特勞斯所做的努力，正是希望將人從汲汲營營的牟利生活中，轉向公共生活、哲學沈思的活動。

綜合言之，史特勞斯並非無視於現代社經

結構的改變，相反地，他正是針對這些改變所帶來的弊端，提出相對應的解決之道。因此，他所提出的古典自然權利正是試圖應用於現代，希望藉此解決現代性危機，讓現代社會中的人們不會再陷入是非、對錯難分的虛無主義處境。他的這種嘗試是否成功，在下一節中會作扼要的討論，並提出自己的觀點。

（二）古典與現代的觀念預設差異

前面是從社經條件的差異，來看史特勞斯古典自然權利能否適用在今天社會。此處則是從古今觀念預設的差異，來看史特勞斯所欲恢復的古典政治哲學與當今的自由主義是否有哪些根本的歧異點。此處選擇當代自由主義大師以賽·柏林的著名文章〈兩種自由的概念〉作為和史特勞斯比較的對象。

本書的問題意識，在於認為價值觀多變，往往昨是而今非；並且不同的人有不同的價值判斷，「公說公有理，婆說婆有理」，困惑於這種價值相對主義的現狀，甚至造成虛無主義的

心態，不知該依循什麼，該堅持什麼，該追求什麼，徒讓生命流逝。

看到史特勞斯同樣在批評這種虛無主義的現狀，他稱爲現代性危機，並且進一步從恢復（古典）政治哲學，試圖爲我們這時代再重新找回標準，史特勞斯認爲（古典）政治哲學就是在探求「政治事物的本質」、「最佳政治秩序」，彷若使人在茫茫大海中，找到一個指標，找到一個人，宣稱他可以知道絕對的標準是什麼，或說他至少指引了一個方向。當他說到：

一旦了解到我們行動原則的根基，只是我們盲目選擇下的結果，我們就無法再繼續相信，無法再全心投入……就越陷入虛無主義，越無法成爲社會的忠實成員（NRH:6）。

如果我知道自由民主在本質上並沒有優於共產主義或法西斯主義，我就無法全心全力（wholeheartedly）的爲自由民主體制奉獻（WIPP: 222）。

　　這些話頗讓人心有戚戚焉，是的，如果不知道客觀環境中的真正對錯，又如何能行動呢？多麼希望能找到一個明確的人生真理，就朝著這個方向「全心全力」的奮鬥，最怕到人生盡頭時，才知道當初選擇是錯誤的。為此，的確從史特勞斯對於古典政治哲學詮釋中得到一些答案，諸如人之為人的理性本質、知識的重要性、哲學生活的崇高等。這些觀點在過往並非不知道，只是並不很肯定，史特勞斯的確加深了這種信念。

　　但當藉由史特勞斯對於柏林〈兩種自由的概念〉批評，接觸到柏林這篇文章。從兩者的比較，發覺到原來兩者的差異在於對「絕對標準」的預設立場不同。史特勞斯認為有絕對的標準，他試圖以古典政治哲學作為標準、真理；柏林認為沒有，他從經驗的事實出發，認為不可能有，持的是價值多元主義（the pluralism of values）的立場。柏林下面的這段話很清楚的表達他的觀點：

坦率說來，想要保證我們的價值，在某種
客觀的境界中，可以取得永恆與穩固，這
種欲望，或許根本只是對「童稚性的確定
感」（the certainties of childhood）、或對我
們原始時代想像中的「絕對價值」之渴望
而已。我們這個時代裡，一位可佩的作家
曾經說過：「文明人之所以不同於野蠻
人，在於文明人既了解他的信念之『真確
性』（validity）是相對的，而又能夠果敢地
維護那些信念」。我們內心或許都有一股欲
望，想要追求較此更進一步的東西，這種
欲望本是一種深刻的、不可救藥的形上需
求，然而，讓這種欲望左右我們的實際行
為，也正是道德與政治上，一種同樣深刻
而卻更危險的不成熟之表徵（Berlin, 1989:
294-5）。

我們從兩者的比較中，才體會到原先的預
設，一直是要找出一個客觀的絕對標準，而且
希望這種標準是普遍適用，每一個人皆能適用

的規範或是目標，否則怎麼知道這只不過是個人的主觀偏好而已。可是柏林認為這只是一種無謂的妄想，這是完全與經驗事實相反，是不可能達到的事。他要我們既認為目前主張是真確的，也要肯定這些看法是相對性的，這才是人生的真實面貌。

　　史特勞斯的批評是從柏林的「相對主義」觀點切入，他認為柏林的相對主義造成「自由主義的危機」。首先，他認為柏林一方面試圖替「消極自由」提出絕對的界線與範疇；另方面，卻又一再強調相對主義、多元主義的真確。史特勞斯的質疑就是，認為柏林不是落入「相對主義」自身邏輯上的矛盾；就是根本無法保障「消極自由」，因為柏林也承認這只是一時一地的觀念而已，會隨著時代的改變而改變。換言之，史特勞斯認為柏林這種觀點，造成自由主義沒有絕對穩固的根基，所以史特勞斯稱為是「自由主義的危機」。

　　其次，柏林從經驗事實的角度，認為找不到一個整體和諧的本質性秩序，所以人類就應

放棄這種追尋。史特勞斯是很反對這種看法，他認為這是以實然作為應然的態度，就如史特勞斯對於歷史主義的回應，史特勞斯認為目前找不到，不是代表沒有，而是表示更應該努力尋找，才不會發生獨裁者以自身的權力意志成為特定歷史時空的標準規範，史特勞斯認為面對這種危險，只有訴諸更深一層的本質性自然秩序（RCPR: 13-26）。

　　史特勞斯的第一個批評，柏林在上述的引文中，已經作很好的說明：「文明人既了解他的信念之『真確性』（validity）是相對的，而又能夠果敢地維護那些信念」，柏林認為這並非是不可相容的兩項主張。而對於史特勞斯批評柏林以實然作為應然的規範，柏林的確認為「我們必須回過頭來，求諸於經驗層面的觀察結果，以及日常的人類知識」。但柏林並非是粗鄙的經驗主義者，認為事實即是合理的。柏林所謂的價值規範，是認為「它們已經廣為眾人接受，而且在人類的歷史發展過程中，也一直深植在人的實際本性之中」。換句話說，就算史特

勞斯提出應然的標準，其實也不過是來自於有限歷史經驗中的概念而已，柏林只是明白的點出這一點（Berlin, 1989: 285, 289）。

至於史特勞斯認為相對主義、歷史主義是造成獨裁、暴政的慘劇，柏林則指出相反的看法。他認為「有許多人遭到了屠殺，這主要是肇因於某一種信仰。那就是人們相信，從某個地方，一定可以找到一個最終的解決之道」，「我堅信歷史上某些最殘暴無情的暴君與迫害者，其所以會泰然堅信他們一切所作所為，因為目的是合理的，所以行為也都是有道理的」。柏林會認為史特勞斯的主張，才是這些悲劇的來源（Berlin, 1989: 288, 290）。

就目前的體認，筆者比較贊成柏林的觀點，認為「價值多元主義」是人生的真實面貌，任何想要在實際人生中提出一個絕對標準、普世適用的客觀真理，恐怕只是枉然。但是，我仍然相信史特勞斯所指出的：就是因為這個世界的隱晦難解、就是因為我們的無知，所以我們也不能肯定這世界是否真的沒有一個

普遍價值標準存在。亦即，縱使肯定柏林所言
的「價值多元主義」，但並不表示會完全放棄有
一絕對眞理的存在，因爲這也是「多元」下的
一種想法。只是這種想法，很難落實到實際生
活當中。因爲，很難明白說出這種絕對主張到
底是什麼（對一些人來說，所謂的絕對主張就
正是「價值多元主義」本身）。

三、自由民主與德目層級的社會

　　本節是放在政治層面上作討論，著重於兩
個焦點，首先從自由民主的角度來看史特勞斯
的學說。此處是藉由二手文獻的討論，希望進
一步釐清史特勞斯對於自由民主體制，可能帶
來的好處或弊端。其次，在前文中曾提到，史
特勞斯主張古典自然權利的實際落實，就是化
爲一個具有一定「德目層級」的社會，他並認
爲這種德目層級是放諸四海普遍皆準的規範，

因此希望能作進一步的討論與從文化差異的觀點作扼要的比較。最後，是針對前兩節的討論，作簡單的小結。

（一）史特勞斯與自由民主

前文曾提到，從政治意識型態的角度來看，一般視史特勞斯的學說爲「保守主義」。簡單來說，這主要是指接受「自然的不平等」、重視菁英、對人民政治能力的懷疑、肯定傳統價值、批判現代性的發展、支持政府對人民道德生活的介入等。這些主張在不同的二手文獻間，就有不同的意涵，也就出現了褒貶差距極大的評論。以下扼要介紹二手文獻從當代自由民主的角度對史特勞斯所提出批判或肯定的觀點。

首先，從批評的觀點來看，荷姆斯（S. Holmes）將史特勞斯列爲不民主（undemocratic）、反自由（illiberal）的首要人物。他認爲史特勞斯所欲追求的社會結構是由「沈默的大衆、作爲統治者的仕紳、具前途的年

輕人（the promising puppies）與追求知識的哲
學家」所組成，並且哲學家的工作是「操控仕
紳、麻醉人民和讓最具有天分的年輕人與家庭
決裂」（1994: 74, 79）。

瑞尼克和阿蘭爾（Reinecke & Uhlaner）從
史特勞斯在1971年美國總統大選中公開支持當
時的總統尼克森，指出這與史特勞斯主張的祕
傳性教義有兩個層次的關係。首先，就史特勞
斯公開支持當權者，這即是祕傳性教義的實
踐，哲學家爲了避免受到政治迫害，所不得不
採取的方式。而第二個層次，則是他們認爲尼
克森所代表的正是現代祕傳性教義，他們認爲
史特勞斯的學說與尼克森政治行爲的相容性，
在某種程度上可類比爲海德格與納粹之間的關
係。他們指出尼克森在出兵越南的政策上，即
是一面宣稱準備停戰，一面又出兵寮國、緬甸
準備進攻；而著名的水門醜聞的竊聽事件，也
是尼克森的祕密性手段。雖然在史特勞斯的學
說中，是政治哲學家、哲學顧問才能進行祕傳
性的方式，但是他們認爲這種觀念落實在實際

政治中，很輕易的就會轉換爲政客的信用欺騙，亦即政客（他們稱爲現代的祕傳性教義者）不再是傳達祕密性的學說給少數人知道，而是以祕傳性作爲實踐政治的方式，作爲在民主政體中欺騙人民的手段（1992: 201-5）。

　　凱特（Kateb）認爲史特勞斯是反民主的威權主義者（authoritarian antidemocratic），這不僅從史特勞斯對於祕傳性教義的預設，認爲一般人民無法接受眞理；另方面，從史特勞斯對於原典的詮釋，可以明顯的看到他對於大衆政治能力的輕視與不信任。雖然史特勞斯自認是「民主的朋友和同盟」，可是凱特指出，史特勞斯「對人民的輕忽」，這可不是民主盟友會說的話。凱特更進一步指出，史特勞斯在他的文本中偶爾還會肯定自由民主體制，肯定一般人民「同意」的重要性。但是史特勞斯的弟子們——「史特勞斯學派」是將史特勞斯這種菁英式的反民主威權主張更推向極端，認爲少數菁英才能知道整體社會的方向與規範，他們更是貶低人民的政治能力，更可能會帶領整個社會走向威

權、獨裁之路（1995: 38-43）。

　　卓瑞對於史特勞斯政治學說的批評，主要
可以分爲兩個方面：首先，就政治主張的內容
而言，卓瑞認爲史特勞斯所期待的「好社會」
是具備「單一的公共權威或是一組能清楚界定
眞假、對錯以及貴賤的觀念」。卓瑞並指出史特
勞斯認爲宗教正是建立或維繫這個公共權威的
最有力憑藉，因爲宗教能深入民心，能以一種
無所不包、高滲透力的方式，影響社會成員的
生活。但卓瑞則反對史特勞斯此處的觀點，卓
瑞認爲史特勞斯將宗教引入公領域的觀點，是
低估了宗教本身的紛爭、派系，因爲就算是同
一宗教內，也往往有許多不同的觀點，更何況
現實環境是眾多教派、「諸神」並呈的世界。
因此，宗教介入政治只是徒增原先政治紛爭的
衝突性而已，並未能如史特勞斯所言，有助於
社會建立一個穩定、單一性的價值觀（1997:
11-3）。

　　其次，卓瑞以「智者」（the wise）與「一
般人」（the vulgar）的對比，說明史特勞斯政治

學說的弊端。她認爲史特勞斯賦予「智者」過
多權力，認爲智者可以認知並接受眞理；而眞
理卻破壞一般人的生活。智者捏造「高貴謊言」
維持社會秩序；一般人則接受這謊言。智者知
道這世界沒有神，宗教不過是爲了一般人的需
求；一般人則恐懼地獄的懲罰，與渴望神的救
贖。智者追求哲學的快樂，認爲這種快樂是唯
一的善；社會德性不過是工具性或是表面的行
爲，一般人也是追求快樂，但是像霍布斯自然
狀態中所描述的人，求自保、努力求得更多的
資源、相互爭鬥、以物質需求爲主要活動。

　　卓瑞認爲史特勞斯對於智者的觀點，會造
成智者的腐化，因爲智者基本上無視於社會習
俗、道德規範的束縛，對智者而言這些都不過
是供一般人遵守的「約定成俗」而已。智者鄙
視這些規範，卓瑞認爲史特勞斯強調的思想上
「無以爲恥」（shameless）、「放縱」很容易轉爲
行爲上的不守常規、違法亂紀。這些智者正如
人類政治經驗中常見的「獨裁者」，他們起初也
許眞的有助於整體社會的福祉，他們以智慧、

權力決定了何為正義，解決人民的紛爭，但也因「權力使人腐化，絕對的權力使人絕對的腐化」，他們本身或下一代，因為不受限制的權力，所帶來的往往是人類的災難（1988: 193-202）。

羅逖（R. Rorty）是從歷史主義者的角度來批評史特勞斯及其學派為「不民主」。他認為史特勞斯所站的立場是本質主義，認為事物有一定的標準，有一定的真理價值觀。而且並非每個人都能認知這種標準，否則就世界太平了。羅逖認為這種秉持一定標準，並只有少數人才能知道的政治主張，就是反民主，因為真理掌握在少數人手上，判定是非、對錯的政治主張就不應由全體大眾共同決定，應掌握在少數菁英的手上。羅逖自稱為杜威主義者（Deweyans），他認為對於社會的批判完全不需要預設一個永恆不變的真理，只需透過社會與社會之間相互的比較，常識經驗的判斷，以及提供一個自由討論、批評的空間，就可以讓社會更好。他認為史特勞斯是想以「舊時代的哲

學」（old-time philosophy）拿到今天的時空當
中，這只是一種走回頭路的方式，他認為這是
違反時代潮流與現代生活經驗的主張（1988:
28-33）。

　　為史特勞斯辯護的，大多是史特勞斯學派
的人，他們認為史特勞斯絕對是支持自由民主
體制。❼他們認為不僅從史特勞斯的切身經
驗，自由民主的美國是他的避難之處；從他的
著作，亦可以清楚看到史特勞斯雖然對於自由
民主體制語多批評，但他仍然肯定自由民主體
制是當前唯一可能的選擇（Bloom, 1974:
374）。不僅如此，他們認為史特勞斯所闡釋的
自由民主學說，是最符合美國立國精神，亦即
「聯邦主義者的民主共和體制」（Federalist's
democratic republic），「這種形式的民主體制基
本上是奠基於經由選舉或依功績的自然貴族
（natural aristocracy of merit）治理的代議共和政
體」（Kielmansegg, 1995: 189）。麥斯福德下面
這段話可以較清楚的說明這種自由民主體制的
特色：

我們的自由民主體制是可以讓傑出的人或
傑佛遜（Jefferson）所稱的自然貴族具有
發展空間的民主體制。我們的立國原則提
供了人們在政治、商業、文化上充分發展
的自由，而有別於古往今來許多其它類型
的民主體制是歧視少數優秀份子。但這並
不意味說少數人的野心（ambition）就不應
受到限制，麥迪遜（Madison）在政治上所
說的「讓野心制衡野心」(let ambition
counteract ambition) 同樣地適用於商業與
文化之上，而如此產生的結果就是我們所
驕傲的「多元主義」(pluralism)。菁英主
義正是多元主義的必要特徵。「差異」的
產生正是由那些能夠表現出「差異」的人
所展現出來（1988: 34）。

上述對於史特勞斯到底是自由民主的支持
者或是反對者，其實有三個癥結。在這三個癥
結上，持不同的看法，就對史特勞斯是否為自
由民主的支持者或反對者作不同的判斷。

　　首先，菁英主義是否與民主政治相容？很明顯的，史特勞斯學派不否認他們是菁英主義，而且他們也認爲傳統美國式的自由民主體制正是「菁英式民主」的精神；凱特和荷姆斯則持反對的立場，認爲推崇菁英、貶低大眾就是反民主的主張。

　　第二，祕傳性教義是否就是反民主的主張？凱特、卓瑞、瑞尼克和阿蘭爾所持的觀點，認爲史特勞斯將祕傳性教義侷限在少數哲學家，並讓這些人不受現狀體制的約束，這是反民主體制的作法。史特勞斯學派成員麥斯福德的解釋是，祕傳性教義是史特勞斯對「政治哲學」的理解，是體認到「政治迫害哲學」，而提出的寫作與閱讀的方式。「政治哲學是嘗試獲得知識，而不是獲得權力」，因此祕傳性教義是傳達哲學家彼此之間的主張，是「哲學的友誼而不是政治關係」，亦即祕傳式教義雖然意識到政治與哲學的緊張關係，但並不是爲了要影響政治，因此談不上是反民主的主張（1988：34-5）。

　　第三，如何看待史特勞斯「中庸之道」的
主張？卓瑞認爲史特勞斯所推崇的「智者」，在
思想上無所忌憚，輕視現存的社會規範，認爲
自己的價值觀是遠勝於現存的「約定成俗」，因
此卓瑞認爲這些智者很容易從思想上的無所忌
憚，而轉爲行爲上的偏離常規，恣意所爲。換
言之，卓瑞並不認眞看待史特勞斯對於中庸之
道的主張，認爲史特勞斯所培養的菁英會在政
治社會中爲所欲爲。丹豪瑟（Dannhauser）則
強調，史特勞斯政治哲學所傳達的重要訊息是
認爲「有關完美城邦的知識以及完美城邦本身
只是存在於『言說』之中，倘若眞的要落實於
實際生活中，將會導致災難」（1990: 434）。亦
即丹豪瑟認爲史特勞斯的政治主張的重要核心
就是認知「政治的侷限」，因此對於政治必須採
用中庸之道，「自由民主體制」就會是一個
「智慧」與「同意」相結合的最佳選擇。這裡的
分歧點在於，史特勞斯主張「智者應認知政治
的侷限性」。從字面上傳達的意思，的確是告訴
我們政治生活必須行中庸之道。可是深一層來

說，當「智者」認知政治的侷限，這也意味著智者是在「政治」之上，「高貴的謊言」也就成為恰當的政治手段，一旦「權力使人腐化」，就難保「智者」不會成為另一批的寡頭、獨裁者。

總結來說，筆者認為對於史特勞斯學說與自由民主的關係，可以從兩個層面來看。其一是史特勞斯的政治學說是否可以稱為是「自由民主」？其二，倘若稱為「自由民主」，史特勞斯的主張有哪些利弊？

首先，史特勞斯的政治學說是否可視為「自由民主」的支持者，在於「菁英主義」是否與「自由民主」相容。而要回答上述的問題，就需先回答一個更根本的問題，就是政治生活是否如史特勞斯所言「大眾無法統治」，亦即「少數統治」是否為政治生活的事實？縱使過去政治學中曾以「寡頭鐵律」（iron law of oligarchy），來描述政治組織必定是由少數人統治，但經後來「參與式民主」、「直接民主」以及晚近的「審議式民主」等呼聲越來越高，過

去由經驗事實所推導出來的「菁英主義」越來越受到批判，不認為這是一個既存事實，而是應受到挑戰的觀點。而史特勞斯在此處的立場更為極端，他認為一般人不僅無法統治，而且無法接受「真理」，只能生活於「洞穴之中」。

因此，這裡可以很清楚的看出史特勞斯對於一般大眾的不信任與輕視。此處做出判斷的標準應在於「經驗事實」，倘若大眾真的無法統治、真的無法接受哲學真理，史特勞斯的主張就無可厚非，這就好比中國古代孔子亦曾說：「民可使由之，不可使知之」。關於此處經驗事實的判斷，我們應可察覺到「科技」、「普及教育」、「生活水準」正改變著「寡頭鐵律」的事實，隨著物質環境的改變，人類生活模式也產了變化，人們透過大眾媒體、電腦網路等管道，越來越容易表達意見，監督政治人物的作為。在當前自由民主體制之下的政治關係，不再容許少數人恣意所為，現在強調的是「人民的聲音」、「人民的力量」。因此史特勞斯此處主張的弊端，是忽略了大眾的政治參與，不僅

容易造成人民對政治的疏離，無助於穩定的政治秩序；也違反當前對於民主政治的要求，無法滿足人民自爲主人、當家作主的願望。

其次，史特勞斯所推崇的少數菁英，在他的學說中是透過「人文教育」培養的仕紳或哲學家，在實際的情況則是「史特勞斯學派」。基本上我們似乎很難預期這些具有政治哲學素養的學者，能對於我們自由民主體制提供如何大的幫助，因爲政治生活的複雜性、不可確定性，遠超過原典能給我們的教訓。柏拉圖和海德格即是很好的例子，兩人皆爲偉大的哲學家，可是前者在政治上屢遭失敗，甚至險遭殺害；後者錯誤的政治判斷，不僅遭受世人的指責，也使自身在教學工作上受阻。

因此，史特勞斯將政治改革方案放在「少數菁英」的身上，是違反時代潮流，也是有違當前民主精神；而史特勞斯以受過古典政治哲學素養的學者作爲政治的實際參與者，則是質疑其面對現實政治複雜性的能力，不認爲眞的可以爲我們自由民主體制帶來有益的幫助。

(二)「德目層級」的社會

接下來討論的是，史特勞斯對於政治秩序中「規範」的觀點。在第四章第二節討論古典自然權利時，曾指出史特勞斯提出「德目層級」（hierarchy of ends）的觀念。他認為「唯一普遍有效的標準就是德目層級」，而且這些標準雖無法直接引導我們的行動，但足以提供我們判斷個人、團體的行為價值高低以及制度間的層級關係（NRH: 163）。

塔克夫和潘格指出史特勞斯認為德目與德目之間會有一定的高低秩序，而並非是不相容的。他們認為史特勞斯是透過蘇格拉底辯證法的方式，將表面上相互對立的德目，「進行辯證式的交鋒」，就會發現有的德目較為偏狹、有侷限性、所涵蓋的範圍較窄；有的德目則能包容其它的德目，所涵蓋的範圍較廣。「結果，我們就可以從德目與德目之間整理出一個高低順序」。換句話說，依塔克夫和潘格的詮釋，史特勞斯是以德目的「包容性」作為排列位階的

標準，他們所整理出的德目高低順序是「從勇氣或戰爭的德性開始，往上是中庸與慷慨，再來是對藝術的高尚贊助、自尊（pride）、睿智（graceful wit）、說實話（truth-telling）、友誼（friendship）」。他們認為這裡所傳達的意涵是，除了「關心全體公民的肉體身軀外」，還要關心他們的靈魂健康（1987: 924）。

　　很難理解塔克夫和潘格是如何整理出上述的德目位階，竟以友誼作為最高的德目位階。在上文曾指出從史特勞斯文本中，得出德目的層級應是相對應於人的自然結構，這是相似於柏拉圖《理想國》中，人與城邦作對應的類比觀念。並指出史特勞斯提到亞里斯多德所整理出的德目層級依序是「勇氣、節制、慷慨、寬宏、正義以及最高到智識的德目」。這個層級相當符合史特勞斯重視「知識」的主張，應該是比上述塔克夫和潘格的整理來得有意義多了。不過，他們兩人皆是史特勞斯學派的重要成員，使人不太相信他們會整理錯德目的層級安排。史特勞斯強調德目層級是「唯一普遍有效

的標準」，但史特勞斯也似乎並未明確的說出他
所主張的「德目層級」，而導致在此與塔克夫和
潘格所得到的德目層級不同，這是史特勞斯故
意安排的嗎？

　　此處先將這問題點出，說明德目層級就連
「是什麼」都還有爭議。我們再把焦點放在具備
「德目層級」的社會這一個主張上。這樣的主
張，其實就是類似於我們時常可以在報章、雜
誌、書本上看到的──「重建價值秩序」的主
張。時常有許多學者或政治家會將社會失序歸
諸於當前「價值觀混淆」、「價值扭曲」、「道
德淪喪」、「傳統價值觀受到動搖，新的價值觀
尚未建立」等，而提出重建價值秩序的主張。
並且這種觀念並非與多元主義、自由主義不相
容，如林毓生所指出「社會成員在思想上必須
有了『共識』才能產生我所謂的多元社會，而
這種『共識』必須有相當程度的順序性（即：
關於那些價值比較更重要必須有相當程度的
「共識」），尤其像我們這樣一個未臻真正法治的
社會，有共識性的思想運動是促進政治改革的

一大動力」（1980: 159）。

　　此處是想凸顯出「德目層級」的社會其實並非是一個多麼迂腐、保守的主張，而是一個社會中頗為必需的共識。當然，這種「共識」的最大問題就是如何產生？所規範的內容又是什麼？是否真能如史特勞斯所說，能有一種本質性、普世皆準的規範呢？史特勞斯是從西方的傳統經典中找出一套德目層級，這是一個主「智」的德目規範。那麼在中國傳統的經典中是否會得出一套相類似的德目規範，或是一套完全不同的觀點，那麼史特勞斯所謂的人性自然結構，相對應的「普遍有效德目層級」，恐怕就是「西方中心主義」的偏狹觀念了。

　　此處以沈清松的一篇文章〈義利再辨——價值層級的現代詮釋〉作為比較的對象，沈清松此處所使用的詞是「價值層級」（hierarchy of values），筆者認為這兩者的意涵極為類似。整篇文章的結構，沈清松從從說明價值規範面的重要性，進而討論到價值的主觀論、客觀論，他各提出幾位學者的觀點作討論，最後他指出

「一般而言，在中國哲學裡面，無論道家或儒家都是肯定『價值的層級』」。他並從《論語》、《孟子》等書中，將儒家的價值觀整理出一個階層順序。他所提出的是「誠、仁、義、禮、生、利」，由高到低，他並認為「此一價值層級非但是人格發展的方向，也應為公共政策的依歸」（1993b: 273-303）。

因此，我們可以看到史特勞斯與沈清松有兩個共通點，其一是兩者皆從傳統經典的重新詮釋出發；其二兩者皆希望所提出的層級秩序能運用在公領域當中。以下用表格（表6-1）將史特勞斯所提出的「德目層級」與沈清松此處所提出的「價值層級」相互對照，整理如下：

表6-1 史特勞斯「德目層級」與沈清松「價值層級」之比較

位階	史特勞斯的「德目層級」	沈清松的「價值層級」
高	智識	誠
↓	正義	仁
↓	寬宏	義
↓	慷慨	禮
↓	節制	生
低	勇氣	利

　　若光從字面的意義來看，可以知道這兩者差距很大，不過我們仍試圖作簡單的對比。沈清松對於「誠」的解釋是，「誠者，天之道；思誠者，人之道也」，誠是貫串了天人之際，所以位階最高（1993b: 298）。若我們要將「智識」這個德目，解釋爲對於「自然」、「天」的認識，也許兩者仍有些共通性。但就此處「誠」所代表的也絕非是「知識追求」的功夫，「誠者，不勉而中，不思而得」《中庸》。這是一種心性體認、順應萬物運行的功夫，而非是對於「知識」無止盡地追求，因此在首要位階上，兩者呈現明顯的差異。

　　其次，就仁、義來說，沈清松認爲「仁」是指一種感通，是人與人、人與自然乃至人與天的內在感通。「並由此感通，而對每一存在物有一當然之尊重，並由此尊重，時時依分寸而行，是爲『德行之義』。由於分寸的具體化、義務化，而有『規範之義』」（1993b: 297-8）。若相對應於「正義」、「寬宏」、「慷慨」，依亞里斯多德《尼各馬科倫理學》的解釋，正義若

從整體而言是一種完全的德性，亦即包含所有德性，部分來說則可視為守法與均等（1129a-b）；「寬宏」（或翻作「大方」）是指大量地消費財物，卻能恰到好處（1122a-1123a）；「慷慨」是指財物的給予和接受上面的中道（1119b-1121a）。這三者與仁、義不能說完全沒有關係，但可以看到所著重的面向似乎有所差異。仁、義所偏重的在人與人之間的關係；而「正義」、「寬宏」、「慷慨」卻多與財物的給予、消費、接受等有關。

再來，沈清松此處所指的生、利，簡單來說即是物質方面的基本需求。而亞里斯多德所提的「節制」是靈魂非理性部分的德性，它涉及肉體方面的快樂，而靈魂快樂無節制、放縱可言（1117b-1118b）。勇敢是恐懼與魯莽的中道，對應該害怕的事物害怕，而對不應該害怕的事物勇敢（1115a-1117b）。「生、利」與「節制、勇敢」似乎關連性也不是很大。若真要牽上關係，「節制」可視為「生、利」恰當表現的一種德性，但「勇敢」似乎就不太相干

了。

　　因此，總結來說，文化間的相對差異性，遠大過於史特勞斯所能想像。史特勞斯面對虛無主義的世界，他提出「古典自然權利」作為一種普世皆準的規範。但史特勞斯也體認到這世界畢竟充滿了許多的未知、多元性，他不太能夠直接提出一套具體的方案，因為這很難接受歷史的考驗。史特勞斯所面對的正是一種類似於「後現代」所強調的偶然、多元性的社會，但史特勞斯與他們不同之處，在於史特勞斯認為他找到了一個根基，這個根基就是「無知之知」。史特勞斯認為無論如何多元、如何偶然，都間接證明了我們對整體宇宙、所生存世界的無知，但也正因無知，所以也更肯定「知」，亦即肯定「追求知識」的重要性、必須性與本質性。這就推展出了史特勞斯對於古典自然權利，乃至於他會認為以「智」為首的德目層級是普世皆準了。

　　可是就沈清松整理的「價值層級」，我們可以發現「智」根本不列入其中。在中國傳統

中，「德」或說實踐意義的德性才是首要。這
裡的「德」可以轉為沈清松所言「仁」、
「義」、「禮」等規範，往上提升亦可達到「誠」
的境界。因此，史特勞斯以為所有的人皆是從
「認識」的角度來理解這個世界，所以他會認為
以理性「追求知識」是人類最重要的一件事
物，哪怕是與父母分開，脫離人群。而我們一
般人所接受的傳統文化觀，則似乎從未將「認
識」、「知道」擺在第一位，而是首重「實踐德
性」、「孝順父母」、「兄友弟恭」、「親親而仁
民、仁民而愛物」、「盡忠報國」等，似乎皆是
天經地義的事，問題只在如何實踐或是規範間
相衝突時如何拿捏分寸等事情上。

　　限於學識，無法將西方與中國傳統的基本
思維作清楚的比較，此處僅是希望點出史特勞
斯這種本質性的觀點，仍難脫離出西方中心思
考的範疇。至於，我們應如何「重建價值秩
序」，是對傳統價值進行「創造性轉化」，配以
現代民主、法治、科技的觀念；或是需根本地
從西方移植基本價值觀，才能因應於現代社

會，這恐怕就更非目前所能處理了。

（三）小結：自由民主與德目層級社會

在第一部分的討論，最後是以注重普遍參與、肯定一般人民政治能力的現代自由民主觀點批判史特勞斯的菁英式民主觀。而在第二部分的討論，基本上是肯定「德目層級」的存在，只是從中西文化差異的比較中，約略點出難以找到放諸四海皆準的「德目層級」，史特勞斯所提出的主張有其文化的侷限性。那麼本書一方面肯定現代自由民主；另方面又支持「德目層級」的社會，只是認為很難找到能被普遍接受的主張。這兩者是否會產生衝突？倘若衝突，有什麼辦法將兩者融合在一起？或是必須放棄其中一項主張？

依史特勞斯的觀點，他試圖以菁英式自由民主引導社會建立出一定的德目層級，讓社會成員的行為、制度、價值能有一定依循的標準。他的這種結合方式，如上文所指出，他的菁英式自由民主以今天的眼光很難視為一套符

合現代自由民主的政治主張。上文亦提到林毓
生的觀點，他認為多元社會仍需要一定的共
識，這些共識就是對於哪些價值是比較重要，
哪些是次要的共識。換言之，就算是在多元的
自由民主社會中，林毓生認為也需要一定的價
值層級共識。我們可以從現代自由民主社會中
的實際經驗，得到一些重要的價值，譬如程序
正義、法治、自由、平等、寬容等，這些價值
似乎都不會違背現代自由民主的精神，倘若社
會成員對這些價值高低具有一定的共識，那麼
社會中的各項政策就應能有一定的輕重緩急的
標準或一定的解決之道了。

　　但是，此處看似自由民主與價值層級社會
的恰當結合，其實只是一種表象。本文一開始
從史特勞斯的觀點即指出，現代自由民主所主
張的價值，注重平等、多元、相對，最後的實
際發展是滑落為虛無主義，人們失去了判斷的
依據，本書的主要關懷即是在此，前文已詳細
介紹，此處就不再贅述。

　　因此，既希望能有一套實質的價值層級，

可作爲判斷的依據，而不是一連串強調多元、相對、寬容，容易滑落爲虛無主義的主張；另方面，又肯定現代自由民主的精神，在此兩者之間，是否魚與熊掌不可兼得？譬如，現代自由民主社會有可能以「勇敢、節制、慷慨、寬宏、正義、智識」這樣的德目關係，作爲政策判斷的標準嗎？

持平來說，倘若眞的有一放諸四海皆準的德目層級，那麼寧可放棄現代自由民主的利益，而希望找到人生眞正的歸宿。但倘若這種理想，終究只是理想，或是尙未實現，那麼當前仍希望堅持現代自由民主的主張，讓人類社會中的是非、對錯，交由社會中的多數決定（這種多數最好是經由審議式民主的理想，讓各方意見充分表達與溝通所做的決定），至少現代自由民主社會還保留了少數努力改變的空間，遠比錯誤的威權政體來得安全多了。

注釋

❶ 見OT: 27; PAW: 22-3, 34-6。

❷ 史特勞斯也說過類似的區別，他認爲偉大的哲學家是屬於「另種能力的作者」（writer of another caliber）（WIPP: 224）。

❸ 或稱爲「劍橋史料編纂學派」（Cambridge historiographism）或「新政治思想史」（the new history of political thought）的運動，這是在一九六〇年代以後，由一群政治哲學史學者，對當時的政治哲學史研究的不滿，提出以歷史的方法來作研究。他們秉承「十九世紀德國史家蘭克（Leopole Ranke）「科學歷史」（scientific history）的主張，認爲治史者應力求呈現歷史之原貌」，在政治哲學史上就應「描繪出歷史上眞實出現的政治理論」（aim to depict political theory as it actually happened）。他們最終目的希望替政治哲學史這一學門，建立研究範圍及特性。見陳思賢（1989: 5-7）；Zuckert (1995: 403-4); 黃默&陳俊宏（1997: 7-8）。

❹ 見余英時，《陳寅恪晚年詩文釋證——兼論他的學術精神和晚年心境》，（台北：時報，1984）。

❺ 這是Sabine對史特勞斯的批評，轉引自WIPP: 203。

❻ 史特勞斯學派的Mansfield則反駁說：「大部分在華盛頓的史特勞斯學派成員（人數既不多，也並非位居高

官），主要是因為在大學中找不到教職」（1988: 36）。筆
者認為在事實上，Mansfield所言可能為真，但就史特勞
斯的學說，譬如上述對公開、祕傳教義預設的介紹，史
特勞斯學派的政治影響應是其來有自。學者Devigne
(1994: 58-90); Gourevitch (1987: 40-3) 皆持此觀點。

❼見Schram (1991: 201-2); Bloom (1974: 374); Gildin (1987);
Mansfield (1988); Behnegar (1995: 251, 259-65)。

第七章

結　論

　　史特勞斯對於現代性危機——不知對錯與是非的虛無主義心態，他提出的解決方案是恢復（古典）政治哲學，他認為（古典）政治哲學能夠提供當代價值判斷的標準。而他恢復（古典）政治哲學的方式，是主張重新開啓「古今之爭」，具體來說，他詳細探究現代性、現代政治哲學的發展，因為他認為現代性的危機正是來自於現代政治哲學「差以毫釐，失之千里」的錯誤發展所導致的。另方面，他希望讓人們重新認識久已被忽視的古典政治哲學，他認為古典政治哲學是在所有政治、哲學傳統建立之前發展出來的，所以能以無比鮮活、直接的方式認識政治生活。

　　在描述現代政治哲學的發展，史特勞斯如說故事般，認為一個個現代思想家，馬基維里、霍布斯、盧梭、尼采等，像接力棒賽跑的方式，一波波的跑向現代性，但也將現代性更推向荒謬。史特勞斯此處主要是著眼於現代政治哲學放棄了古典自然的標準，而以人類自身所建構的規範作為判斷的依據。他認為這種人

爲建構，將會導致是非、善惡皆隨人們所處的
時代而改變，就沒有一種永恆的判準。如此一
來，不僅容易造成人們由「相對」落入「虛無
主義」的心態，而且一旦獨裁者成爲規範的建
立者，將會導致人類災難的發生。

　　史特勞斯將解決之道寄望於古典政治哲學
上面，他認爲古典政治哲學所追求的古典自然
權利、最佳政治秩序都可作爲永恆價值判斷的
標準。這些標準的立足點，不是人類自身所設
定的，而是以「人性的自然結構」、「人天生的
群性」爲依據。換言之，這些都是自然的，都
是符合人類的自然天性，也因此都具備本質性
的眞切。在這其中，史特勞斯尤其重視「追求
眞理」的重要性，他認爲這是人性自然結構
中，最高層次的需求，也是人之爲人的最高活
動、人生完滿幸福生活的重要來源。不僅於
此，他進一步認爲城邦必須確保「追求眞理」
的實踐，因爲人類生活的完滿是城邦存在的目
的，因此最佳的城邦就是能夠確保「哲學家」
安全自在地過沈思的生活。

　　落實在實際政治當中，史特勞斯一方面批評當代自由民主不重視道德，主張價值中立，並有庸俗化、從眾化的傾向，導致社會中價值混淆，是非不分，造成人心不安，社會亂象層出不窮；另方面他透過人文教育的方式，以詮釋過去的偉大經典，引導學生聆聽偉大心靈間的對話，轉化學生的靈魂，朝向哲學沈思的生活。另外，就政治面而言，史特勞斯並從中試圖培養少數菁英，以直接或間接的方式進行統治，影響、改造這整個社會。

　　簡言之，針對現代性危機，史特勞斯不僅透過古典政治哲學的重新詮釋，提供我們一些可行的價值判準；而且他自身也透過教育的方式，讓他的理念由他的弟子們實踐，進而影響整個社會。以下簡單將史特勞斯的政治哲學優點歸納為四點，並同時提出筆者個人的觀點與接受或反對的立場。

一、肯定絕對的價值標準

在今天後現代社會，「只要我喜歡沒有什麼不可以」，價值相對主義極容易滑落爲虛無主義，造成價值、是非混淆，而產生許多失序現象。史特勞斯亦認知多元、偶然性的事實，但他認爲就算我們當前找不到永恆不變的規範，但這並非代表沒有，而是更代表我們必須努力找下去。他希望人們能夠依循這些永恆的標準，而不是恣意所爲。

史特勞斯認爲：「目前找不到，不是代表沒有」，筆者認爲這才是眞正的開放態度。就好比神的存在與否，我們不能因爲無法證明神的存在，就急著宣告「神的不存在」。史特勞斯保留了這種可能性，讓我們在面對浩瀚的宇宙時，能有更謙虛的心態。

二、重視「追求眞理」 的哲學生活

　　也許讀者會擔心「絕對價值」的弊端，但史特勞斯絕對價值的依據其實是在於上述的「找下去」，而並非是一套教條式的意識型態。史特勞斯認爲「知道」無知，尤其是對於許多重要事情的無知，所以要更進一步的追尋。史特勞斯肯定這種「知」，並以這種「知」或更貼切的說「求知」、「追求眞理」意即「理性」作爲絕對的標準，而不是以僵硬的法則、規範要人遵守。他認爲這種「追求眞理」，是超越任何歷史、文化的侷限，由此他更進一步將「理性」、「哲學的生活」作爲人性發展、政治生活的最高目標。

　　筆者肯定他對於「無知之知」的體認，但他進一步從知道「無知」，推到「求知」的重要

性，再推到「哲學生活」的崇高，再推到政治
必須保障「哲學生活」而作一定的安排。我們
可以看出這推得太極端了，認知「無知」，下一
步不一定是「求知」，許多人皆安於「該知道的
知道；不該或無法知道的就不知道」，更何況人
生有許多問題也並非「知道」就能解決的。這
其中最戲劇性的表徵，就是伊甸園中的亞當、
夏娃以及伊底帕斯王。亞當、夏娃被趕出伊甸
園，正是因為他們偷吃了善惡之果，能和神一
樣明辨是非，因此注定了一生痛苦的命運，男
的工作至死，女的必須承受生孩子的苦難。伊
底帕斯王對自己身世的謎底，瘋狂式的追求，
最終落得家破人亡，自己戳瞎雙眼，四處流
浪。這兩個故事的出處，一個是聖經，一個是
希臘悲劇，這兩者（宗教、文學）與哲學——
追求真理，其實都或多或少有所衝突，這說明
了西方人其實也意識到追求真理並非人生唯一
的出路。

三、肯定少數菁英

史特勞斯認為真正追求真理的只是少數人，因此，他推崇這些少數菁英。他認為就算在民主政治中，也應是在「民主政治中培養貴族」，而不是一味的追求大眾化、庸俗化，只會造成從眾心態，而真正失去個人的差異性。

筆者肯定少數菁英帶來的優點，但是因為我們永遠無法知道這些少數人是魔鬼還是天使，因此，對此必須持保留的態度。更何況隨著時代的進步，當前民主政治越來越能達到「民主的原意」，每個公民皆能有閒、有能力參與公共生活，提出有益的建言或是參與公共政策的制訂，因此史特勞斯所提的菁英式民主就似乎違反時代潮流。

四、政治哲學作為一種實踐

　　史特勞斯從古典政治哲學所帶來的啓示，政治哲學不僅是一種學門，而且也是一種實際的政治技能。史特勞斯的政治哲學不僅讓我們對於古典、現代的經典能有重新的認識，而且他也培養一群菁英，實踐他的政治理想。

　　筆者雖然並不看好這些受政治哲學薰陶的菁英，在面對實際政治時能發揮多大的功效。但仍極為欣賞這種實踐性，因為「坐而言，不如起而行」，許多美好的主張也只是空談，實踐可以作為眞理檢驗的標準，也是對於人類生活可以提供眞切的幫助。

　　總結來說，史特勞斯讓我們在隱晦難知的宇宙中，重新拾起追求絕對價值的信心與理由。而且在此同時，史特勞斯提供的是一種快樂、高貴的生活方式——哲學生活，他認為我

們在追求這絕對價值、哲學眞理時，一方面也是實踐人之爲人的最高層次，因此史特勞斯替我們指引的與其說是「政治哲學」的主張，不如說是一種「生活方式」，而這是筆者在寫作本書時的最大收穫。

參考書目❶

江宜樺

1998a 〈現代社會中的個人權利〉，《當代》，129期。頁38-47。

1998b 〈康士坦論自由、平等與民主政治〉，《東吳政治學報》，9期。頁31-58。

朱浤源

1981 〈重振政治哲學雄風 ―― 里奧‧史特勞斯思想簡介〉，《中國論壇》，12卷2期。頁49-54。

沈清松

1993 〈義利再辨 ―― 價值層級的現代詮釋〉，《中國人的價值觀 ―― 人文學觀點》，收入於沈清松編。台北：桂冠。

苑舉正

1998 〈亞里斯多德看政治〉，《當代》，129期。頁24-37。

張佛泉

1995 《自由與人權》，台北：台灣商務。

張福建

　　1997　〈多元主義與合理的政治秩序：羅爾斯《政治
　　　　　　自由主義初探》〉，《政治科學論叢》，第8期，
　　　　　　頁111-132。

郭秋永

　　1995　〈邏輯實證論與民主理論：驗證問題的探討〉，
　　　　　　收入於張福建、蘇文流主編《民主理論：古典
　　　　　　與現代》，台北：中央研究院。

陳思賢

　　1989　〈語言與政治：關於政治思想史典籍詮釋的一
　　　　　　些爭論〉，《政治學報》，17期。頁1-30。

曾慶豹

　　1991　〈「現代性」議題的兩個面向〉，《哲學與文
　　　　　　化》，18卷12期。頁1113-25。

黃默、陳俊宏

　　1997　〈政治哲學要跨出去！論台灣政治哲學研究的
　　　　　　發展趨向〉，《東吳政治學報》，8期。頁1-45。

路況

　　1992　《後／現代及其不滿》，台北：唐山。

趙雅博

　　1994　〈後現代主義的經緯(上)〉，《哲學與文化》，21
　　　　　　卷10期。頁892-901。

劉述先

　　1993　〈論中國人的價值觀在現代的重建〉，《中國人
　　　　　　的價值觀——人文學觀點》，收入於沈清松編，
　　　　　　台北：桂冠。

Armstrong, Karen著，蔡昌雄（譯）

　　1996　《神的歷史》，台北：立緒。

Beiner, Ronald

　　1990　" Hannah Arendt and Leo Strauss: The Uncommented Dialogue," *Political Theory* 18(2): 238-54.

Benardete, Seth

　　1978　"Leo Strauss ' The City and Man," *Political Science Reviewer 8*: 1-20.

Berlin, Isaiah著，陳曉林（譯）

　　1989　《自由四論》，台北：聯經。

Biale, David

　　1991　"Leo Strauss: The Philosopher as Weimar Jew," in Alan Udoff ed., *Leo Strauss 's Thought: Toward a Critical Engagement*. Colorado: Lynne Rienner Publishers.

Bloom, Allan

　　1968　"Interpretive essay," in Plato 's *The Republic of Plato* trans. by A. Bloom. New York: Basic books.

　　1974　"Leo Strauss: September 20, 1899-October 18, 1973," *Political Theory* 2(4): 372-392.

Dannhauser, Werner J.

　　1990　"Leo Strauss as Citizen and Jew," *Interpretation* 17(3): 433-47.

Devigne, Robert

　　1994 *Recasting Conservatism: Oakeshott, Strauss, and*

the Response to Postmodernism. Michigan: Bookcrafters.

Drury, Shadia B.

　　1988 *The Political Ideas of Leo Strauss*. London: The Macmillan Press Ltd.

　　1996 Review of H. Meier's *Carl Schmitt and Leo Strauss: The Hidden Dialogue, American Political Science Review* 90(1): 410-1.

　　1997 *Leo Strauss and the America Right*. New York: St. Martin's Press.

Dunn, Charles W. & Woodard J. David

　　1991 *American Conservatism From Burke to Bush: An Introduction*. New York: Madison Books.

Gadamer, Hans George

　　1996 《眞理與方法：補充和索引》，洪漢鼎、夏鎮平（譯），臺北：時報。

Gildin, Hilail

　　1987 "Leo Strauss and the Crisis of Liberal Democracy," in Kenneth L. Deutsch & Walter Soffer eds. *The Crisis of Liberal Democracy: A Straussian Perspective*. Albany: State University of New York Press.

　　1992-3 "The First Crisis of Modernity: Leo Strauss on the Thought of Rousseau." *Interpretation* 20(2): 157-164.

Gourevitch, Victor

　　1968　"Philosophy and Politics: Ⅰ," *Review of Metaphysics* 22(1): 58-84.

　　1987　" The Problem of Natural Right and the Fundamental Alternatives in Nature Right and History," in Kenneth L. Deutsch & Walter Soffer eds. *The Crisis of Liberal Democracy: A Straussian Perspective*. Albany: State University of New York Press.

Gunnell, John G.

　　1978　"The Myth of the Tradition," *American Political Science Review* 72(1): 122-34.

　　1979　*Political Theory: Tradition and Interpretation*. Cambridge, Mass.: Winthrop Press.

　　1985　"Political Theory and Politics: The Case of Leo Strauss," *Political Theory* 13(3): 339-61.

Hall, Dale

　　1977　"The Republic and The 'Limits of Politics'," *Political Theory* 5(3): 293-313.

Holmes, Stephen

　　1993　*The Anatomy of Antiliberalism*. Cambridge, MA: Harvard University Press.

Kateb, George

　　1995　"The Questionabl Influence of Arendt (and Strauss)," in P. G. Kielmanseg et al eds. *Hannah Arendt and Leo Strauss: German Emigres and*

American Political Thought after World War II. New York: Cambridge University Press.

Klosko, George

 1986 "The 'Straussian' Interpretation of Plato's Republic," *History of Political Thought* 7(2): 275-293.

Lacayo, Richard

 1996 "You've Read about Who's Influential, But Who Has The Power?" *Time* 147(25). Online. Internet. 1 Apr. 1999. Available HTTP: cgi. pathfinder. com/time/magazine/archive/1996/dom/960617/power.html.

Lampert, Laurence

 1978 "The Argument of Leo Strauss in What Is Political Philosophy," *Modern Age* 22(1): 38-46.Mansfield Jr. Harvey C.

 1988 "Democracy and The Great Books," *The Republic* 3820: 33-7.

McShea, Robert

 1963 "Leo Strauss on Machiavelli," *Western Political Quarterly* 16: 782-97.

Miller, Davis & Vernon Bogdanor編，鄧正來（主編譯）

 1992 《布萊克維爾政治學百科全書》。北京，中國政法大學出版社。

Miller, Eugene F.

 1975 "Leo Strauss: The Recovery of Political

Philosophy," in Anthony de Crespigny and Kenneth Minogue eds., *Contemporary Political Philosophers*. New York: Mead & Compan.

Nicgorski, Walter

　　1985 " Leo Strauss and Liberal Education," *Interpretation* 13(3): 233-50.

Nisbet, Robert 著，邱辛曄（譯）

　　1986 《保守主義》，台北：桂冠。

Pangle, L. Thomas

　　1989 "Editor's Introduction," in *The Rebirth of Classical Political Rationalism: An Introduction to the Thought of Leo Strauss*. Chicago and London: The University of Chicago Press.

Pippin, Robert B.

　　1992 "The Modern World of Leo Strauss," *Political Theory* 20(3): 448-472.

Reinecke, Volker & Jonaathan Uhlaner

　　1992 " The Problem of Leo Strauss: Religion, Philosophy, and Politics," *Graduate Faculty Philosophy Journal* 16(1): 189-208.

Rorty, Richard

　　1988 "That Old-Time Philosophy," *The New Republic* 3820: 28-33.

Rosen, Stanley

　　1987 *Hermeneutics as Politics*. New York: Oxford University Press.

Schram, N. Glenn

　　1991-2　"The Place of Leo Strauss in a Liberal Education," *Interpretation* 19(2): 201-16.

Shaw, Carl K. Y. （蕭高彥）

　　1995　"Esoteric Critique of Political Decisionism: Hegel's Theory of Monarchy Revisited," *The Journal of National Chengchi University*（國立政治大學學報）70: 291-308.

Smart, Barry著，李衣雲／林文凱／郭玉群（譯）

　　1997　《後現代性》，台北：巨流。

Smith, Gregory Bruce

　　1994　"The Post-Modern Leo Strauss ?" *History of European Ideas* 1(3): 191-197.

　　1997　"Who was Leo Strauss ?" *American Scholar* 66(1): 95-104. Online. Internet. 12 Oct. 1997. Available HTTP: www.epnet.com/hosttrial/login.html.

Strauss, Leo

　　1952　*The Political Philosophy of Hobbes: Its Basis and Its Genesis*, trans. by Elsa M. Sinclair. Chicago, Ill.: University of Chicago.

　　1965　*Spinoza's Critique of Religion*, trans. by E. M. Sinclair. New York: Schocken.

　　1966　*Socrates and Aristophanes*. Chicago, Ill.: University of Chicago.

　　1970　*Xenophon's Socratic Discourse*. London: Cornell

University Press.

1972 *Xenophon 's Socrates. London*: Cornell University Press.

1975 *The Argument and the Action of Plato 's Laws.* Chicago, Ill.: University of Chicago.

1982 〈何謂政治哲學？〉，朱浤源節譯，《憲政思潮》，58期。頁82-97。

1995 *Philosophy and Law: Contributions to the Understanding of Maimonides and His Predecessors*, trans. by Eve Adler. Albany: University of New York.

1997 *Jewish Philosophy And The Crisis Of Modernity : Essays And Lectures In Modern Jewish Thought.* Edited by Kenneth Hart. Green Albany: State University of New York Press.

Tarcov, Nathan

1983 " Philosophy and History: Tradition and Interpretation in the Work of Leo Strauss," *Polity* 16(1): 5-29.

1987 "Epilogue: Leo Strauss and the History of Political Philosophy," written with T. Pangle in Leo Strauss and Joseph Cropsey eds., *History of Political Philosophy*, 3rd edition. Chicago: University of Chicago Press.

1991 〈里奧‧史特勞斯與政治哲學史〉，與T. Pangle 合著，趙學維（譯），收入周陽山主編，《當代

　　　　政治心靈：當代政治思想家》，台北：正中書
　　　　局。

1991　"On a Certain Critique of 'Straussianism',"
　　　　*The Review of Politics*53(1): 3-18.

Zuckert, Catherine

1995　"The Postmodern Problem," *Perspectives on
　　　　Political Science* 24(2): p87,8p. Online.Internet. 12
　　　　Oct. 1997. Available HTTP: www.epnet.com/
　　　　hosttrial/login.html.

Zuckert, Michael P.

1995　"Appropriation and Understanding in the History
　　　　of Political Philosophy: On Quentin Skinner's
　　　　Method," *Interpretation*13(3): 403-24.

注釋

❶若資料是從網際網路取得，書目格式依照研究寫作MLA 4th 形式(MLA: Handbook for Writers of Research Papers)。另外，有關史特勞斯思想的討論，可以在網站 http://www.freelance-academy.org 中Leo Strauss 子項目中 註冊，每天就可以收到許多相關討論的電子郵件。

史特勞斯　　　　　　　　　　　當代大師系列 20

作　　　者／胡全威
出　版　者／生智文化事業有限公司
發　行　人／林新倫
執行編輯／張嫦丹
登　記　證／局版北市業字第 677 號
地　　　址／台北市新生南路三段 88 號 5 樓之 6
電　　　話／(02)2366-0309　2366-0313
傳　　　真／(02)2366-0310
網　　　址／http://www.ycrc.com.tw
▣ E-mail／tn605541@ms6.tisnet.net.tw
印　　　刷／科樂印刷事業股份有限公司
法律顧問／北辰著作權事務所　蕭雄淋律師
Ｉ Ｓ Ｂ Ｎ／957-818-312-7
初版一刷／2001 年 10 月
定　　　價／新臺幣 200 元

總　經　銷／揚智文化事業股份有限公司
地　　　址／台北市新生南路三段 88 號 5 樓之 6
電　　　話／(02)2366-0309　2366-0313
傳　　　真／(02)2366-0310

國家圖書館出版品預行編目資料

史特勞斯 ／ 胡全威著. -- 初版. --
台北市：生智，2001 [民 90]
　面；　公分. --（當代大師系列；20）
參考書目：面

ISBN　957-818-312-7（平裝）

1.史特勞斯（Leo Strauss, 1899-1973）－學
術思想－政治

570.952　　　　　　　　　　　90012865